Cases de PRÁTICA AMBIENTAL

44 Casos simulados com resolução
à luz do STF e STJ

Frederico Amado

Cases de PRÁTICA AMBIENTAL

44 Casos simulados com resolução
à luz do STF e STJ

COLABORADOR
Edney Borges Nascimento

2023

EDITORA *Jus*PODIVM
www.editorajuspodivm.com.br

EDITORA *Jus*PODIVM
www.editorajuspodivm.com.br

Rua Canuto Saraiva, 131 – Mooca – CEP: 03113-010 – São Paulo – São Paulo
Tel: (11) 3582.5757
• Contato: https://www.editorajuspodivm.com.br/central-de-relacionamento

Diagramação: Luiz Fernando Romeu *(lfnando_38@hotmail.com)*

Capa: Maitê Coelho *(maitescoelho@yahoo.com.br)*

A481c Amado, Frederico.
Cases de Prática Ambiental - Casos Simulados com Resolução / Frederico Amado - São Paulo: Editora JusPodivm, 2023.
208 p.

Inclui Bibliografia
ISBN: 978-85-442-4491-3

1. Direito Ambiental. 2. Agrário e Urbanístico. I. Amado, Frederico. II. Título.

CDD 341.347

BIBLIOTECÁRIA RESPONSÁVEL

Ana Carolina Ribeiro Mois – CRB7 – RJ 007348/0

APRESENTAÇÃO DA OBRA

A ideia desta obra surgiu de modo bem curioso e peculiar. Fiz no *Especcial Jus* um curso de *cases* para a preparação para o concurso de Advogado da União e Procurador Federal em 2023.

Criei todos os casos tomando como lastro decisões de relevo da lavra do STF e do STJ. Aí finalmente percebi o que estava na minha frente e eu não enxergava. Precisava de um projeto de *cases* de prática ambiental com viés profissional e, além de aulas EAD, fazer um livro também seria necessário.

Daí surgiu minha decisão de pegar os *cases* inicialmente criados para preparação para concurso e os ampliei com maiores detalhes da prática profissional ambiental, reproduzindo de modo idêntico as demandas no processo administrativo e judicial.

Enfim, assim surgiu o ***CASES DE PRÁTICA AMBIENTAL – CASOS SIMULADOS COM RESOLUÇÃO***, que tem como principal perfil a preparação prático-profissional ambiental, podendo também ser utilizado para fases avançadas de concursos públicos.

A obra conta com a importante colaboração de Edney Borges Nascimento, que executou a tradução das aulas em texto escrito.

Bom estudo,

O AUTOR

SOBRE O AUTOR E O COLABORADOR

FREDERICO AMADO

- Procurador Federal/Procuradoria-Geral do INSS em Brasília-DF com atuação perante o STF, STJ e TNU.
- Professor de Direito Previdenciário e Ambiental do Especcial Jus (www.especcialjus.com.br).
- Coordenador da Pós-graduação EAD em Prática Previdenciária da Faculdade Verbo em parceria com o Especcial Jus.
- Coordenador da Pós-graduação AO VIVO pelo MEET em Prática Previdenciária da FBB em parceria com o Especcial Jus.
- Coordenador da Pós-graduação em Direito Ambiental EAD da Faculdade Verbo em parceria com o Especcial Jus.
- Instrutor da Escola da AGU.
- Mestre em Planejamento Ambiental pela UCSAL.
- Especialista em Direito do Estado pela Unyahna.
- Palestrante.

Página de contato: www.especcialjus.com.br

E-mail: professorfredericoamado@gmail.com

Twitter: @FredericoAmado

Facebook: Frederico Amado

Instagram: @fredericoamado

EDNEY BORGES NASCIMENTO

Advogado e Técnico do Seguro Social do Instituto Nacional do Seguro Social, atualmente requisitado à Advocacia-Geral da União. Pós-graduado em Direito à Prática Previdenciária pela Estácio/ CERS.

SUMÁRIO

Tema: Infrações administrativas ambientais

CASE 1 – Elaborado pelo Prof. Frederico Amado

Ementa: Responsabilidade administrativa. Natureza jurídica. Responsabilidade do adquirente.

TEXTO DO *CASE*: A responsabilidade administrativa é pessoal ou se transfere ao novo adquirente de imóvel rural na situação de autuação por desmatamento ilegal na aludida propriedade? Justifique.

A responsabilidade administrativa é de natureza objetiva ou subjetiva? Justifique.

RESPOSTA

A responsabilidade administrativa é pessoal ou se transfere ao novo adquirente de imóvel rural na situação de autuação por desmatamento ilegal na aludida propriedade? Justifique.

O presente *case* relata uma situação bastante polêmica, que já foi pacificada pelo STJ. Trata-se da questão da responsabilidade administrativa do adquirente do imóvel rural no que diz respeito à autuação do desmatamento ilegal. É o típico caso em que o proprietário desmata a área de preservação permanente de sua propriedade, tendo sido multado. Posteriormente, ele vende o imóvel rural. Logo, a questão versa sobre a possibilidade de haver responsabilização administrativa daquele que adquiriu o imóvel rural.

Primeiramente, cabe ressaltar que há três instâncias de responsabilização por dano ambiental. A criminal e a administrativa, que são instâncias de natureza punitiva, e a cível, que tem natureza ressarcitória. A instância cível tem responsabilidade objetiva e *propter rem,* não sendo punitiva neste país.

Por outro lado, a responsabilidade administrativa, bem como a penal, em função de seu **caráter punitivo**, tem **natureza pessoal**, ante o princípio de intranscendência das penas.

Em suma, todos que concorrerem para a consumação de um ilícito administrativo contra o meio ambiente estarão sujeitos às penalidades, apenas admitindo-se a exclusão da responsabilidade nas hipóteses de caso fortuito, força maior ou fato de terceiro, **pois a responsabilidade administrativa é pessoal**, sendo ainda necessário o dolo ou culpa.

Para que uma pessoa natural ou jurídica seja penalizada administrativamente, é curial a demonstração da autoria do ilícito, não se admitindo a aplicação da doutrina da responsabilização *propter rem*, restrita à responsabilidade civil por danos causados ao meio ambiente.

De acordo com o STJ, no julgamento do Recurso Especial 1.251.697, de 12.04.2012:

> [...] pelo princípio da intranscendência das penas (art. 5º, inc. XLV, CR/1988), aplicável não só ao âmbito penal, mas também a todo o Direito Sancionador, não é possível ajuizar execução fiscal em face do recorrente para cobrar multa aplicada em face de condutas imputáveis a seu pai. Isso porque a aplicação de penalidades administrativas não obedece à lógica da responsabilidade objetiva da esfera cível (para reparação dos danos causados), mas deve obedecer à sistemática da teoria da culpabilidade, ou seja, a conduta deve ser cometida pelo alegado transgressor, com demonstração de seu elemento subjetivo, e com demonstração do nexo causal entre a conduta e o dano.

A responsabilidade administrativa é de natureza objetiva ou subjetiva? Justifique.

A questão da natureza da responsabilidade administrativa foi sanada pelo STJ em 16/08/2016. A 1ª e a 2ª turma do STJ divergiam, posto que a 1ª turma entendia que a responsabilidade é subjetiva, enquanto a 2ª turma entendia que era objetiva.

A 2ª turma mudou seu entendimento, passando a entender que a **responsabilidade administrativa é subjetiva**, uma vez que se trata de uma instância punitiva. A aplicação da responsabilidade objetiva pela teoria do risco integral em uma instância punitiva seria algo bastante temerário, pois esta não pode ser afastada sequer em caso fortuito, força maior ou fato de terceiro.

Posteriormente, a 1ª seção do STJ consolidou esse entendimento:

PROCESSO	EREsp 1.318.051-RJ, Rel. Min. Mauro Campbell Marques, Primeira Seção, por unanimidade, julgado em 08/05/2019, DJe 12/06/2019
RAMO DO DIREITO	DIREITO AMBIENTAL
TEMA	Dano ambiental. Responsabilidade administrativa ambiental. Dolo ou culpa. Demonstração. Necessidade.
DESTAQUE	
A responsabilidade administrativa ambiental é de **natureza subjetiva**.	

No caso analisado foi imposta multa por dano ambiental sob o fundamento da responsabilidade objetiva decorrente da propriedade da carga transportada por outrem, que efetivamente teve participação direta no acidente que causou a degradação ambiental. Ocorre que a jurisprudência desta Corte, em casos análogos, assentou que a responsabilidade administrativa ambiental é de natureza subjetiva. A aplicação de penalidades administrativas não obedece à lógica da responsabilidade objetiva da esfera cível (para reparação dos danos causados), mas deve obedecer à sistemática da teoria da culpabilidade, ou seja, a conduta deve ser cometida pelo alegado transgressor, com demonstração de seu elemento subjetivo, e com demonstração do nexo causal entre a conduta e o dano. A diferença entre os dois âmbitos (cível e administrativo) de punição e suas consequências fica bem estampada da leitura do art. 14, caput e § 1º, da Lei n. 6.938/1981. Em resumo: a aplicação e a execução das penas limitam-se aos transgressores; a reparação ambiental, de cunho civil, a seu turno, pode abranger todos os poluidores, a quem a própria legislação define como "a pessoa física ou jurídica, de direito público ou privado, responsável, direta ou indiretamente, por atividade causadora de degradação ambiental" (art. 3º, inc. V, do mesmo diploma normativo). Assim, o uso do vocábulo "transgressores" no caput do art. 14, comparado à utilização da palavra "poluidor" no § 1º do mesmo dispositivo, deixa a entender aquilo que já se podia inferir da vigência do princípio da intranscendência das penas: a responsabilidade civil por dano ambiental é subjetivamente mais abrangente do que as responsabilidades administrativa e penal, não admitindo estas últimas que terceiros respondam a título objetivo por ofensas ambientais praticadas por outrem.

CASE 2 – Elaborado pelo Prof. Frederico Amado

Ementa: Apreensão. Carga parcialmente irregular. Objeto da apreensão.

TEXTO DO *CASE*: Na situação de apreensão de carga de madeira parcialmente transportada sem autorização ambiental, em que dos 500m3 somente 100m3 estava acobertada pele DOF – Documento de Origem Florestal emitido pelo IBAMA, a apreensão deve recair sobre a totalidade da carga? Justifique.

RESPOSTA

O *case* cuida de uma questão prática, que é a apreensão de carga transportada irregularmente, com Documento de Origem Florestal que não abarca a totalidade da carga transportada. Assim, a banca indaga sobre a apreensão, ou seja, se o fiscal deve apreender toda a carga ou apenas a parte irregular.

Note-se que o STJ se manifestou pela necessidade de apreensão integral da carga:

PROCESSO	REsp 1.784.755-MT, Rel. Min. Og Fernandes, Segunda Turma, por unanimidade, julgado em 17/09/2019, DJe 01/10/2019
RAMO DO DIREITO	DIREITO AMBIENTAL
TEMA	Madeira transportada irregularmente. Guia de autorização de transporte. Inobservância dos limites. Apreensão de toda a mercadoria. Possibilidade.

Os arts. 46, parágrafo único, 50, 50-A e 70, da Lei n. 9.605/1998 tipificam simultaneamente como crime e infração administrativa o transporte ou a guarda de madeira, lenha, carvão ou outros produtos de origem vegetal, assim como a atividade de desmatar, explorar economicamente ou degradar floresta, plantada ou nativa, sem a devida licença por parte da autoridade competente. Os arts. 25 e 72, IV, do referido normativo, por sua vez, disciplinam a apreensão dos produtos e instrumentos utilizados na prática da infração ambiental.

Reduzir a apreensão de madeira ao quantitativo de carga efetivamente excedente ao indicado na respectiva guia de transporte, além de caracterizar medida não prevista na legislação de regência, traduz-se em providência contrária aos objetivos das leis de proteção ao meio ambiente.

A medida de apreensão da totalidade da carga transportada consiste em importante mecanismo para a tutela do meio ambiente, em razão do efeito dissuasório imediato que produz sobre o infrator ou aquele que contribuiu para a prática da conduta ilícita.

Isso porque a apreensão de bens gera, ainda que provisoriamente, a descapitalização da parte envolvida no ilícito, evita a reiteração da prática, facilita a recuperação do dano e, ainda, contribui para a garantia do resultado prático do processo administrativo. Ademais, tratando-se da infração ambiental, a aplicação da técnica de ponderação deve ter como premissa a especial proteção jurídica conferida pela Constituição Federal ao tema, a exemplo do direito ao meio ambiente ecologicamente equilibrado, assim como a conscientização de que o fundamento da livre iniciativa, previsto no art. 170 da Carta Magna, tem por finalidade assegurar a todos uma existência digna, e também deve obediência ao princípio de defesa do meio ambiente. Na situação em debate, tem-se, de um lado, a proteção do patrimônio daquele flagrado com quantidade de madeira em descompasso com a autorizada e, de outro, a magnitude dos direitos e interesses difusos em matéria ambiental, bem como a própria efetividade da legislação de proteção ao meio ambiente. Diante desse cenário, não há dúvida de que eventual interesse na liberação da quantidade de madeira autorizada na guia de transporte deve ceder em função da gravidade da lesão consistente no desrespeito aos limites previamente estipulados pela autoridade competente.

CASE 3 – Elaborado pelo Prof. Frederico Amado

Ementa: Apreensão. Ferramenta usada para prática de infrações ambientais. Critérios.

TEXTO DO *CASE*: Um caminhão e um trator foram apreendidos pelo IBAMA em razão do seu uso irregular na extração ilícita de mogno. Em defesa, o proprietário demonstrou que os bens apreendidos nunca tinham sido utilizados como instrumentos de consumação das infrações ambientais, postulando a sua liberação sob o argumento de que a apreensão exige o uso específico, exclusivo ou habitual para a empreitada infracional. O pedido deve ser acolhido? Justifique.

RESPOSTA

A apreensão dos produtos e instrumentos da infração administrativa ou do crime ambiental tem regulação no art. 25 da Lei 9.605, de 12 de fevereiro de 1998:

> CAPÍTULO III
>
> DA APREENSÃO DO PRODUTO E DO INSTRUMENTO DE INFRAÇÃO ADMINISTRATIVA OU DE CRIME
>
> Art. 25. Verificada a infração, serão apreendidos seus produtos e instrumentos, lavrando-se os respectivos autos.
>
> § 1o Os animais serão prioritariamente libertados em seu habitat ou, sendo tal medida inviável ou não recomendável por questões sanitárias, entregues a jardins zoológicos, fundações ou entidades assemelhadas, para guarda e cuidados sob a responsabilidade de técnicos habilitados. (Redação dada pela Lei nº 13.052, de 2014)
>
> § 2o Até que os animais sejam entregues às instituições mencionadas no § 1o deste artigo, o órgão autuante zelará para que eles sejam mantidos em condições adequadas de acondicionamento e transporte que garantam o seu bem-estar físico. (Redação dada pela Lei nº 13.052, de 2014) (Vide ADPF 640)
>
> § 3º Tratando-se de produtos perecíveis ou madeiras, serão estes avaliados e doados a instituições científicas, hospitalares, penais e outras com fins beneficentes. (Renumerando do § 2º para § 3º pela Lei nº 13.052, de 2014)
>
> § 4° Os produtos e subprodutos da fauna não perecíveis serão destruídos ou doados a instituições científicas, culturais ou educacionais. (Renumerando do § 3º para § 4º pela Lei nº 13.052, de 2014)
>
> § 5º Os instrumentos utilizados na prática da infração serão vendidos, garantida a sua descaracterização por meio da reciclagem. (Renumerando do § 4º para § 5º pela Lei nº 13.052, de 2014)

Assim, conforme a regulação vigente, não é requisito para a apreensão de produtos e instrumentos de infração administrativa ou crime o uso de forma específica, exclusiva ou habitual para a empreitada infracional. Basta a constatação da infração penal ou administrativa. Logo, ainda que o uso do bem para a prática da infração se dê de forma eventual, é obrigatória sua apreensão.

Em suma, **a apreensão INDEPENDE do uso específico, exclusivo ou habitual para a empreitada infracional**, de modo que mesmo que o instrumento da infração seja utilizado eventualmente para a consumação do ilícito administrativo, a medida é devida. Veja-se o STJ nesse sentido no **Tema Repetitivo 1036:**

Tema/Repetitivo	1036	Situação do Tema	Acórdão Publicado	Órgão Julgador
Questão submetida a julgamento	Aferir se é condição para a apreensão do instrumento utilizado na prática da infração ambiental a comprovação de que o bem é de uso específico e exclusivo para a atividade ilícita (Lei n. 9.605/1998, art. 25, § 4º, atual § 5º).			
Tese Firmada	"A apreensão do instrumento utilizado na infração ambiental, fundada na atual redação do § 4º do art. 25 da Lei 9.605/1998, independe do uso específico, exclusivo ou habitual para a empreitada infracional".			

CASE 4 – Elaborado pelo Prof. Frederico Amado

Ementa: Apreensão. Liberação. Condicionamento ao pagamento de multa.

TEXTO DO *CASE*: Um caminhão foi apreendido pelo IBAMA em razão do seu uso irregular na extração ilícita de mogno. A liberação dos bens apreendidos está condicionada ao pagamento da multa? Se um terceiro for o proprietário, ele deve ser necessariamente notificado? Justifique.

RESPOSTA

O *case* trata da apreensão de produto e do instrumento de infração administrativa ou de crime. Esse instituto funciona de maneira semelhante ao perdimento, previsto na seara penal. Assim, conforme previsão legal, poderia haver a perda do bem logo após a apreensão. No entanto, a jurisprudência do STJ flexibiliza essa questão, possibilitando que haja a liberação do bem, mesmo que de modo provisório, quando há apresentação de defesa. Vejamos:

Informativo 625 PROCESSO	REsp 1.133.965-BA, Rel. Min. Mauro Campbell Marques, Primeira Seção, por unanimidade, julgado em 25/04/2018, DJe 11/05/2018 (Tema 405)
RAMO DO DIREITO	DIREITO ADMINISTRATIVO, DIREITO AMBIENTAL
TEMA	Poder de polícia. Apreensão de veículo utilizado no carregamento de madeira sem autorização. Art. 25, § 4º, da Lei n. 9.605/1998. Art. 2º, § 6º, inc. VIII, do Decreto n. 3.179/1999. Liberação condicionada ao pagamento de multa. Inviabilidade. Liberação condicionada ao oferecimento de defesa administrativa. Possibilidade. Fiel depositário na pessoa do proprietário. Tema 405.

O art. 2º, § 6º, inc. VIII, do Decreto n. 3.179/1999 (redação original), quando permite a liberação de veículos e embarcações mediante pagamento de multa, não é compatível com o que dispõe o art. 25, § 4º, da Lei n. 9.605/1998; entretanto, não há ilegalidade quando o referido dispositivo regulamentar admite a instituição do depositário fiel na figura do proprietário do bem apreendido por ocasião de infração nos casos em que é apresentada defesa administrativa - anote-se que não se está defendendo a simplória liberação do veículo, mas a devolução com a instituição de depósito

> (e os consectários legais que daí advêm), observado, entretanto, que a liberação só poderá ocorrer caso o veículo ou a embarcação estejam regulares na forma das legislações de regência (Código de Trânsito Brasileiro, p. ex.).

Muito embora a jurisprudência citada faça referência ao Decreto 3179/99, que já foi revogado, ela se mantém atual, pois o Dec. 6.514 de 2008 manteve a sistemática anterior.

Outrossim, pela análise da jurisprudência, nota-se que a regra regulamentar que condiciona a liberação do bem ao pagamento da multa não tem qualquer amparo legal, podendo haver a liberação com a mera apresentação de defesa, sendo o autuado designado como fiel depositário do bem.

Ademais, **quando o proprietário do veículo apreendido for um terceiro, este deve ser notificado no processo administrativo ambiental em respeito ao Princípio do Contraditório**. Veja-se o STJ:

PROCESSO	AREsp 1.084.396-RO, Rel. Min. Og Fernandes, Segunda Turma, por unanimidade, julgado em 19/09/2019, DJe 18/10/2019
RAMO DO DIREITO	DIREITO AMBIENTAL
TEMA	Ilícito ambiental. Veículo utilizado objeto de locação. Apreensão. Possibilidade. Garantia do direito de defesa do proprietário antes da decisão sobre a destinação do bem. Necessidade.
A autoridade administrativa deve notificar o proprietário do veículo locado para oportunizar que comprove a sua boa-fé antes de decidir sobre a destinação do bem apreendido pela prática de infração ambiental.	
INFORMAÇÕES DO INTEIRO TEOR	

Os arts. 25 e 72, IV, da Lei n. 9.605/1998 estabelecem como efeito imediato a apreensão dos bens e instrumentos utilizados na prática do ilícito ambiental. A exigência de requisito não expressamente previsto na legislação de regência para a aplicação dessas sanções compromete a eficácia dissuasória inerente à medida, consistindo em incentivo, sob a perspectiva da teoria econômica do crime, às condutas lesivas ao meio ambiente. Nesse sentido, exigir que a autoridade ambiental comprove que o veículo é utilizado específica, exclusiva, reiterada ou rotineiramente para a prática de delito ambiental caracteriza verdadeira prova diabólica, tornando letra morta a legislação que ampara a atividade fiscalizatória. Ainda que se trate de bem locado ao real infrator, a apreensão do bem não representa injusta restrição a quem não deu causa à infração ambiental, permitindo, por outro lado, trazer o risco da exploração da atividade econômica a quem a exerce. Seja em razão do conceito legal de poluidor, seja em função do princípio da solidariedade que rege o direito ambiental, a responsabilidade administrativa pelo ilícito recai sobre quem, de qualquer forma, contribuiu para a prática da infração ambiental, por ação ou omissão. Após a medida de apreensão, a autoridade administrativa oportunizará o direito de defesa ao proprietário do bem antes de decidir sobre sua destinação. Cumpre ao proprietário do veículo comprovar sua boa-fé, demonstrando que, pelas circunstâncias da prática envolvida e apesar de ter tomado as precauções necessárias, não tinha condições de prever a utilização do bem no ilícito ambiental. Ademais, aquele que realiza a atividade de locação de veículos deve adotar garantias para a prevenção e o ressarcimento dos danos causados pelo locatário. Não é possível admitir que o Judiciário comprometa a eficácia da legislação ambiental e impeça a apreensão do veículo tão somente porque o instrumento utilizado no ilícito originou-se de um contrato de locação, cessão ou de qualquer outro meio juridicamente previsto.

CASE 5 – Elaborado pelo Prof. Frederico Amado

Ementa: Nulidade. Prazo de Julgamento de auto de infração.

TEXTO DO *CASE*: A inobservância do prazo de julgamento do auto de infração em 30 dias, nos termos do artigo 72 da Lei 9.605/98, gera nulidade processual? Justifique.

RESPOSTA

O prazo do julgamento do auto de infração é estabelecido pelo artigo 72 da Lei 9.605/98, que é a lei que cuida dos crimes e infrações administrativas. A Lei disciplina as infrações administrativas nos artigos 70 a 76, e os crimes nos artigos 29 a 69-a. Recomendamos a leitura dos artigos em questão.

O procedimento de autuação está previsto no art. 71 da Lei 9605/98, podendo ser praticado pelo IBAMA e pelo ICMBio, autarquia federal que coíbe ilícitos praticados em área de preservação da União. Uma vez realizada a autuação, são estabelecidos os seguintes prazos:

> **Art. 71. O processo administrativo para apuração de infração ambiental deve observar os seguintes prazos máximos:**
>
> **I - vinte dias para o infrator oferecer defesa ou impugnação contra o auto de infração, contados da data da ciência da autuação;**
>
> **II - trinta dias para a autoridade competente julgar o auto de infração, contados da data da sua lavratura, apresentada ou não a defesa ou impugnação;**
>
> **III - vinte dias para o infrator recorrer da decisão condenatória à instância superior do Sistema Nacional do Meio Ambiente - SISNAMA, ou à Diretoria de Portos e Costas, do Ministério da Marinha, de acordo com o tipo de autuação;**
>
> **IV - cinco dias para o pagamento de multa, contados da data do recebimento da notificação.**

Assim, a questão ora debatida diz respeito à consequência jurídica do transcurso do prazo de 30 dias para a autoridade julgar o autor de infração.

A inobservância do prazo de 30 dias para julgamento não implica em nulidade processual, por ser prazo impróprio, conforme reafirmado pelo E. STJ no julgamento do AREsp 1503814/MG, de 15.06.2021:

Esse mesmo entendimento foi aplicado, pela Segunda Turma STJ, em situação como a dos presentes autos, ocasião em que restou decidido que a inobservância do prazo de trinta dias, previsto no art. 71, II, da Lei 9.605/98, para a autoridade competente julgar o auto de infração ambiental, não gera, por si só, a nulidade do processo administrativo, mormente quando não demonstrada a existência de efetivo prejuízo para a parte. No voto condutor do aludido acórdão, destacou-se que "o legislador não impôs nenhuma espécie de sanção à autoridade nem de invalidação do ato acaso esse período fosse ultrapassado. Por outro lado, é certo que vigora como princípio geral de direito a máxima de que não há invocar-se nulidade sem prejuízo correspondente, vale dizer, para que a premissa do recorrente fosse válida, o simples transcurso do prazo deveria causar-lhe um prejuízo o qual deveria ser comprovado por si no processo judicial, circunstância tal que, contudo, não houve" (STJ, REsp 1.420.708/SC, Rel. Ministro MAURO CAMPBELL MARQUES, SEGUNDA TURMA, DJe de 10/11/2014).

TEMA: RESPONSABILIDADE CIVIL POR DANOS CAUSADOS AO MEIO AMBIENTE

CASE 6 – Elaborado pelo Prof. Frederico Amado

Ementa: Ação Coletiva. Inversão do ônus da prova.

TEXTO DO *CASE*: Quais fundamentos a União, o IBAMA ou o ICMBio devem utilizar para postular em ação coletiva a inversão do ônus da prova? Justifique.

RESPOSTA

Inicialmente, cumpre ressaltar que a titularidade ativa da ação civil pública que versa sobre reparação de danos ambientais pode ser da União, do IBAMA ou do ICMBio. Note-se que a União descentralizou a atividade de proteção ambiental ao IBAMA e ao ICMBio, muito embora atue como litisconsorte em algumas demandas.

O ICMBio é a autarquia gestora das unidades de conservação ambiental federais, que são espaços ambientais protegidos, regidos pela Lei 9985/2000. Assim, caso a ACP vise reparar dano em unidade de conservação da União, a competência para o ajuizamento é da ICMBio. Por outro lado, caso a ACP vise reparar danos em outras áreas, a atribuição é do IBAMA.

A inversão do ônus da prova consiste em carrear ao réu poluidor o ônus de comprovar a inexistência do dano ambiental ou a ausência de autoria. Essa inversão de ônus em ações coletivas de reparação de danos ambientais não tem previsão legal expressa na legislação brasileira. No entanto, houve uma construção jurisprudencial no sentido de se admitir a inversão do ônus da prova com fundamento no Princípio da Precaução.

Posteriormente, o STJ entendeu que as normas processuais do Código de Defesa do Consumidor formam um microssistema processual coletivo, ao lado da Lei 7347/85, que é a Lei de Ação Civil Pública. Assim, as normas do CDC se aplicam na defesa de direitos difusos e coletivos, se aplicando também às demandas ambientais.

Impende salientar que **o STJ passou a admitir a inversão do ônus da prova nas ações de reparação dos danos ambientais**, com base no interesse público da reparação e no Princípio da Precaução, sendo uma ótima técnica de julgamento na hipótese de dúvida probatória (*non liquet*), pois poderá ser carreado ao suposto poluidor o ônus de comprovar que inexiste dano ambiental a ser reparado, ou, se existente, que este não foi de sua autoria.

Ademais, além de se fundamentar no **aspecto material** (*ope legis*), mormente no Princípio da Precaução (*in dubio pro natura* ou *salute*), a inversão do ônus da prova na ação de reparação do dano ambiental também encontra **fundamento processual** (*ope judicis*), pois a regra do artigo 6º, do CDC, tem aplicação em defesa de todos os direitos coletivos e difusos.

> REsp 972.902, de 25.08.2009; REsp 1.060.753-SP, de 1º.12.2009.
>
> Nesse sentido, no julgamento do REsp 883.656, de 09.03.2010, já decidiu o STJ que "no Direito Ambiental brasileiro, a inversão do ônus da prova é de ordem substantiva e *ope legis*, direta ou indireta (esta última se manifesta, p. ex., na derivação inevitável do princípio da precaução), como também de cunho estritamente processual e *ope judicis* (assim no caso de hipossuficiência da vítima, verossimilhança da alegação ou outras hipóteses inseridas nos poderes genéricos do juiz, emanação natural do seu ofício de condutor e administrador do processo). Como corolário do princípio *in dubio pro natura*, 'Justifica-se a inversão do ônus da prova, transferindo para o empreendedor da atividade potencialmente perigosa o ônus de demonstrar a segurança do empreendimento, a partir da interpretação do art. 6º, VIII, da Lei 8.078/1990 c/c o art. 21 da Lei 7.347/1985, conjugado ao Princípio Ambiental da Precaução' (REsp 972.902/RS, Rel. Min. Eliana Calmon, Segunda Turma, DJe 14.9.2009), técnica que sujeita aquele que supostamente gerou o dano ambiental a comprovar 'que não o causou ou que a substância lançada ao meio ambiente não lhe é potencialmente lesiva' (REsp 1.060.753/SP, Rel. Min. Eliana Calmon, Segunda Turma, DJe 14.12.2009)".

Em 2018, o STJ sumulou este posicionamento:

> **SÚMULA N. 618**
> **A inversão do ônus da prova aplica-se às ações de degradação ambiental** (Corte Especial, julgado em 24/10/2018, DJe 30/10/2018).

CASE 7 – Elaborado pelo Prof. Frederico Amado

Ementa: Dano Ambiental. Aplicação do Código de Defesa do Consumidor.

TEXTO DO *CASE*: É possível a aplicação do CDC em um acidente de consumo decorrente de atividade poluidora? Justifique.

RESPOSTA

Trata-se de um assunto comum entre as matérias direito ambiental e direito do consumidor, que é o acidente de consumo envolvendo uma atividade poluidora.

Logo, ainda temos uma outra conexão de relevo entre o Direito do Consumidor e o Direito Ambiental. É que, *"na hipótese de danos individuais decorrentes do exercício de atividade empresarial poluidora destinada à fabricação de produtos para comercialização, é possível, em virtude da caracterização do acidente de consumo, o reconhecimento da figura do* ***consumidor por equiparação****, o que atrai a incidência das disposições do Código de Defesa do Consumidor"* **(STJ, REsp 2009210 / RS, 3ª Turma, de 09/08/2022).**

Assim, havendo danos decorrentes de uma atividade empresarial poluidora, as vítimas poderão se valer das disposições do Código de Defesa do Consumidor, posto que ele é considerado um consumidor por equiparação. Saliente-se que o entendimento do STJ quanto ao consumidor por equiparação não é nova. Há precedentes desde o ano de 2014, da 4ª turma do STJ:

> Para fins da responsabilidade pelo Fato do Produto e do Serviço (acidente de consumo) **equiparam-se aos consumidores** todas as vítimas do evento, nos termos do artigo 17 do CDC. Esse dispositivo pode ser invocado em ação de reparação por danos materiais e morais em decorrência de dano ambiental. Um exemplo foi a contaminação ambiental decorrente dos produtos venenosos utilizados no tratamento dos postes de luz destinados à distribuição de energia elétrica aos consumidores **(REsp 1354348/RS, Rel. Ministro LUIS FELIPE SALOMÃO, QUARTA TURMA, julgado em 26/08/2014, DJe 16/09/2014).**

Note-se que o STJ costuma distinguir em duas categorias o dano ambiental. Há o dano ambiental típico, também conhecido como dano ambiental *público*, que atinge o meio ambiente. Também há o dano ambiental atípico, também conhecido como dano ambiental *privado*, que atinge o patrimônio privado, em decorrência do dano ambiental típico. Em ambos os casos é possível a responsabilização do poluidor através das disposições do Código de Defesa do Consumidor.

CASE 8 – Elaborado pelo Prof. Frederico Amado

Ementa: Desconsideração da personalidade jurídica. Dano Ambiental. Abuso da personalidade.

TEXTO DO *CASE*: Deve o IBAMA provar o abuso da personalidade jurídica em ACP para a reparação de dano ambiental para fins de desconsideração da personalidade jurídica? Justifique.

RESPOSTA

Os negócios jurídicos podem ser analisados em três planos, o da existência, da validade e da eficácia. A desconsideração da personalidade da pessoa jurídica atinge o plano da eficácia do negócio jurídico. Em determinados casos, há o *levantamento do véu* da personalidade, com a extensão da responsabilidade que inicialmente seria apenas da pessoa jurídica aos sócios ou gestores. Não se deve confundir a desconsideração com a despersonalização, que é a extinção da pessoa jurídica.

Há duas teorias da desconsideração da personalidade da pessoa jurídica. A teoria maior aduz que a desconsideração só deve ser realizada em caso de fraude, desvio de finalidade ou abuso de personalidade da pessoa jurídica.[1] A teoria menor, por outro lado, não exige, para fins de desconsideração da personalidade, a comprovação de fraude. Nesse sentido, a Lei 9.605/98:

> Art. 4º Poderá ser desconsiderada a pessoa jurídica sempre que sua personalidade for obstáculo ao ressarcimento de prejuízos causados à qualidade do meio ambiente.

Na esfera ambiental adota-se a Teoria Menor da desconsideração, e não a Maior, pois não é necessário o abuso da personalidade jurídica como condição para a desconsideração, bastando, por exemplo, a mera insuficiência patrimonial do ente moral para responder a execução.

---

1. Código Civil. Art. 50. Em caso de abuso da personalidade jurídica, caracterizado pelo desvio de finalidade ou pela confusão patrimonial, pode o juiz, a requerimento da parte, ou do Ministério Público quando lhe couber intervir no processo, desconsiderá-la para que os efeitos de certas e determinadas relações de obrigações sejam estendidos aos bens particulares de administradores ou de sócios da pessoa jurídica beneficiados direta ou indiretamente pelo abuso. (Redação dada pela Lei nº 13.874, de 2019)

Nesse sentido, pontificou o STJ que "a teoria menor da desconsideração, acolhida em nosso ordenamento jurídico excepcionalmente no Direito do Consumidor e no Direito Ambiental, incide com a mera prova de insolvência da pessoa jurídica para o pagamento de suas obrigações, independentemente da existência de desvio de finalidade ou de confusão patrimonial" (REsp 279273, de 4/12/2003):

> PROCESSO
>
> AgRg no AREsp 324781 / ES
>
> AGRAVO REGIMENTAL NO AGRAVO EM RECURSO ESPECIAL
> 2013/0101252-3
> RELATOR
>
> Ministro HERMAN BENJAMIN (1132)
>
> PROCESSUAL CIVIL. AMBIENTAL. VIOLAÇÃO DO ART. 557 DO CPC. NÃO OCORRÊNCIA. DANO AMBIENTAL. TERMO DE AJUSTAMENTO DE CONDUTA. EXECUÇÃO. PRINCÍPIOS POLUIDOR-PAGADOR E DA REPARAÇÃO *IN INTEGRUM*. DESCONSIDERAÇÃO DA PERSONALIDADE JURÍDICA. APLICABILIDADE. PRETENSÃO DE REEXAME DE PROVAS. INCIDÊNCIA DA SÚMULA 7/STJ. MULTA PRESCRITA PELO ART. 538 DO CPC FIXADA PELA CORTE ESTADUAL APÓS TRÊS ACLARATÓRIOS. CARÁTER PROTELATÓRIO. MANUTENÇÃO.
>
> 1. A jurisprudência do Superior Tribunal de Justiça tem o entendimento de que eventual nulidade na decisão singular do Relator, proferida com fulcro no art. 557 do CPC, fica superada com a reapreciação da matéria, na via do Agravo Interno, pelo órgão colegiado.
>
> 2. O acórdão recorrido consignou: a) "perfeitamente aplicável a teoria menor da desconsideração da personalidade jurídica gizada no artigo 4º da Lei nº 9.605/98, já que a reparação visada pelo órgão ministerial destina-se, como se observa dos documentos acostados, ao Fundo Municipal de Meio Ambiente"; b) "Em verdade, não tendo sido oferecidos quaisquer

bens de provável alienação, situação essa que, em mais 4 (quatro) anos de tramitação do agravo de instrumento, restou inalterada - não tendo a executada, em nenhum momento, sequer tentado garantir o juízo com outros bens -, resta óbvio que a personalidade jurídica funciona como verdadeiro óbice à execução pretendida, o que não se deve admitir"; e c) "Basta, na espécie, a verificação da insuficiência patrimonial da sociedade empresária para compensar os prejuízos ambientais por ela causados, presunção esta que, em nenhum momento, logrou êxito a embargante em desconstituir. Digno de menção, ainda, é o fato notório de que a Maxi Place, localizada ao lado deste Egrégio Tribunal de Justiça, já encerrou suas atividades há vários anos, o que, diante da ausência de regular auferimento de renda, apenas perpetuará a irreparabilidade do dano ambiental em questão."

3. À luz do princípio poluidor-pagador e do princípio da reparação *in integrum*, inadmissível que a personalidade jurídica funcione como muro intransponível para execução de obrigação ambiental do degradador. Com base no acervo probatório dos autos, o Tribunal a quo constatou a insuficiência patrimonial da empresa, a natureza ambiental da dívida e a necessidade da aplicação da desconsideração da personalidade jurídica sob pena de se frustrar a execução. O reexame de matéria fática é defeso ao STJ pelo óbice da Súmula 7/STJ.

4. Após o acórdão prolatado pela Corte estadual em novo julgamento dos Embargos de Declaração, a agravante opôs sucessivamente três recursos integrativos, todos rejeitados, haja vista não terem demonstrado omissão, e sim mero inconformismo com o julgado, que, portanto, deve ser mantido.

5. Agravo Interno não provido.

CASE 9 – Elaborado pelo Prof. Frederico Amado

Ementa: Responsabilidade civil. Dano ao Meio Ambiente. Nexo Causal.

TEXTO DO *CASE*: A responsabilidade civil por dano ao meio ambiente, em alguma situação, dispensa o nexo causal? Justifique.

RESPOSTA

Como regra geral, a responsabilidade por dano ambiental demanda a existência de uma conduta ativa ou omissiva, dano ao meio ambiente e o nexo causal entre a conduta e o dano. No entanto, a jurisprudência do STJ passou a admitir a responsabilidade sem prova do nexo causal na situação do adquirente do imóvel:

> "Processual civil e ambiental. Ação civil pública. Dano ambiental. Construção de hidrelétrica. Responsabilidade objetiva e solidária. Artigos 3º, inc. IV, e 14, § 1º, da Lei 6.398/1981. Irretroatividade da lei. Prequestionamento ausente: Súmula 282/STF. Prescrição. Deficiência na fundamentação: Súmula 284/STF. Inadmissibilidade.
>
> 1. A responsabilidade por danos ambientais é objetiva e, como tal, não exige a comprovação de culpa, bastando a constatação do dano e do nexo de causalidade.
>
> **2. Excetuam-se à regra, dispensando a prova do nexo de causalidade, a responsabilidade de adquirente de imóvel já danificado porque, independentemente de ter sido ele ou o dono anterior o real causador dos estragos, imputa-se ao novo proprietário a responsabilidade pelos danos. Precedentes do STJ.**
>
> 3. A solidariedade nessa hipótese decorre da dicção dos artigos 3º, inc. IV, e 14, § 1º, da Lei 6.398/1981 (Lei da Política Nacional do Meio Ambiente).
>
> 4. Se possível identificar o real causador do desastre ambiental, a ele cabe a responsabilidade de reparar o dano, ainda que solidariamente com o atual proprietário do imóvel danificado.
>
> 5. Comprovado que a empresa Furnas foi responsável pelo ato lesivo ao meio ambiente a ela cabe a reparação, apesar de o imóvel já ser de propriedade de outra pessoa jurídica.
>
> 6. É inadmissível discutir em recurso especial questão não decidida pelo Tribunal de origem, pela ausência de prequestionamento.

> 7. É deficiente a fundamentação do especial que não demonstra contrariedade ou negativa de vigência a tratado ou lei federal.
>
> 8. Recurso especial parcialmente conhecido e não provido" (REsp 1.056.540, de 25.08.2009).

Dessa maneira, passou a ser possível a responsabilização por danos ambientais daquele que não deu causa, em decorrência da obrigação *propter rem*. Logo, a responsabilidade do novo proprietário de imóvel que possua passivo ambiental é uma situação que dispensa a prova do nexo causal.

Note-se que a jurisprudência do STJ foi baseada no texto do Código Florestal de 2012, que fixa a obrigação *propter rem:*

> Lei 12.651/2012, art. 2º
>
> § 2º As obrigações previstas nesta Lei têm natureza real e são transmitidas ao sucessor, de qualquer natureza, no caso de transferência de domínio ou posse do imóvel rural.

A responsabilidade em questão atinge apenas os bens Imóveis, não havendo responsabilidade *propter rem* em relação a bens móveis.

Ainda quanto à responsabilização por dano ambiental, cumpre destacar o seguinte julgado:

> Outrossim, "em direito ambiental (entre outras áreas de inerente complexidade), quando diversos fatores ou agentes contribuem de forma substancial para o resultado danoso, o conceito tradicional de nexo causal exige releitura. A impossibilidade de prova (positiva ou negativa, com inversão do ônus probatório) da influência específica do ato (omissivo ou comissivo) para o dano não pode inviabilizar a tutela protetiva do meio ambiente. Nessa circunstância, deve-se verificar a relação entre a conduta (ativa, negligente ou omissiva) verificada e o dever do imputado em

evitá-la, bem como sua relevância para o resultado, e não exatamente a causalidade (conceito ele próprio impreciso e variável conforme as concepções epistemológicas adotadas) concreta e determinada entre a ação/omissão e o dano Ambiental" (AREsp 1945714 / SC, de 24.05.2022).

CASE 10 – Elaborado pelo Prof. Frederico Amado

Ementa: Dano Ambiental. Força Maior. Nexo Causal.

TEXTO DO *CASE*: Após licenciamento ambiental promovido pelo Estado X, o Posto de Gasolina Alfa causou acidente ambiental consistente no vazamento de 1.500 litros de óleo diesel no Riacho Santana, culminando em autuação e ACP proposta pelo IBAMA objetivando a reparação do dano ambiental.

Na contestação, o Posto de Gasolina Alfa provou que tinha licença ambiental para funcionamento da atividade e que, por isso, a atividade era lícita. Provou ainda que o vazamento se deu por força maior, decorrente de descarga elétrica fruto de um raio que caiu na madrugada do dia 01/02/2022, razão pela qual não há nexo causal. Qual a matéria de direito deve ser apresentada em sede de réplica do IBAMA para elidir os argumentos da defesa? Justifique.

RESPOSTA

Primeiramente, cumpre ressaltar que a licitude da atividade, por si só, não afasta o dever de reparar o dano ambiental. Dessa maneira, mesmo que a atividade desenvolvida pela empresa seja regular e licenciada, permanece a obrigação de reparar o dano ambiental.

Ademais, a responsabilidade ambiental se dá de maneira objetiva, pela teoria do risco integral. Por essa teoria, o caso fortuito, força maior ou fato de terceiro não rompem o nexo de causalidade, e por isso não obstam a obrigação de reparar o dano causado ao meio ambiente. Nesse sentido, o STJ:

PROCESSO	**REsp 1.612.887-PR, Rel. Min. Nancy Andrighi, Terceira Turma, por unanimidade, julgado em 28/04/2020, DJe 07/05/2020**
RAMO DO DIREITO	**DIREITO AMBIENTAL**
TEMA	**Dano ambiental. Concessão de licença ambiental. Fato de terceiro capaz de interromper o nexo causal. Não configuração.**

A exoneração da responsabilidade pela interrupção do nexo causal é admitida na responsabilidade subjetiva e em algumas teorias do risco que regem a responsabilidade objetiva, mas não pode ser alegada quando se tratar de dano subordinado à teoria do risco integral.

Os danos ambientais são regidos pela teoria do risco integral, colocando-se aquele que explora a atividade econômica na posição de garantidor da preservação ambiental, sendo sempre considerado responsável pelos danos vinculados à atividade, descabendo questionar a exclusão da responsabilidade pelo suposto rompimento do nexo causal (fato exclusivo de terceiro ou força maior).

No caso, mesmo que se considere que a instalação do posto de combustível somente tenha ocorrido em razão de erro na concessão da licença ambiental, é o exercício dessa atividade, de responsabilidade da recorrente, que gera o risco concretizado no dano ambiental, razão pela qual não há possibilidade de eximir-se da obrigação de reparar a lesão verificada.

Tal entendimento encontra-se consolidado na jurisprudência desta Corte em diversos julgados, proferidos, inclusive, em sede de recurso especial repetitivo (Temas 438, 681 e 707 deste STJ), não é possível ao responsável arguir qualquer causa exonerativa da responsabilidade, que decorre de mero exercício da atividade de risco ambiental.

> REsp 1.346.430-PR, Rel. Min. Luis Felipe Salomão, julgado em 18/10/2012. "Direito civil. Responsabilidade civil objetiva. Dano ambiental. - A responsabilidade por dano ambiental é objetiva e pautada no risco integral, não se admitindo a aplicação de excludentes de responsabilidade. Conforme a previsão do art. 14, § 1º, da Lei 6.938/1981, recepcionado pelo art. 225, § § 2º e 3º, da CF, a responsabilidade por dano ambiental, fundamentada na teoria do risco integral, pressupõe a existência de uma atividade que implique riscos para a saúde e para o meio ambiente, impondo-se ao empreendedor a obrigação de prevenir tais riscos (princípio da prevenção) e de internalizá-los em seu processo produtivo (princípio do poluidor-pagador). Pressupõe, ainda, o dano ou risco de dano e o nexo de causalidade entre a atividade e o resultado, efetivo ou potencial, não cabendo invocar a aplicação de excludentes de responsabilidade. Precedente citado: REsp 1.114.398-PR, *DJe* 16.02.2012 (REPETITIVO)".

CASE 11 – Elaborado pelo Prof. Frederico Amado

Ementa: Omissão fiscalizatória. Responsabilidade Civil. Execução.

TEXTO DO *CASE*: A responsabilidade civil ambiental por omissão fiscalizatória do IBAMA e do ICMBio é objetiva e solidária, mas de execução subsidiária? Justifique a sua resposta.

RESPOSTA

A questão deve ser respondida considerando o posicionamento atual do STJ quanto à responsabilidade da administração. De efeito, será objetiva a responsabilidade estatal quando a omissão de cumprimento adequado do seu dever de fiscalizar for determinante para a concretização ou o agravamento do dano causado pelo seu causador direto:

> "A jurisprudência predominante no STJ é no sentido de que, em matéria de proteção ambiental, há responsabilidade civil do Estado quando a omissão de cumprimento adequado do seu dever de fiscalizar for determinante para a concretização ou o agravamento do dano causado pelo seu causador direto" (AgRg no REsp 1001780, de 27/9/2011).

Contudo, os últimos precedentes do STJ, inclusive da sua 2.ª Turma, declararam a responsabilidade objetiva do Estado por danos ambientais, mesmo em se tratando de omissão na fiscalização ambiental. Nesse sentido, vale colacionar passagem do julgamento do REsp 1.071.741, de 24.03.2009:

> "4. Qualquer que seja a qualificação jurídica do degradador, público ou privado, no Direito brasileiro a responsabilidade civil pelo dano ambiental é de natureza objetiva, solidária e ilimitada, sendo regida pelos princípios do poluidor-pagador, da reparação *in integrum*, da prioridade da reparação *in natura*, e do favor *debilis*, este último a legitimar uma série de técnicas de facilitação do acesso à Justiça, entre as quais se inclui a inversão do ônus da prova em favor da vítima ambiental. Precedentes do STJ.
>
> 5. Ordinariamente, a responsabilidade civil do Estado, por omissão, é subjetiva ou por culpa, regime comum ou geral esse que, assentado no art. 37 da Constituição Federal, enfrenta duas exceções principais. Primeiro, quando a responsabilização objetiva do ente público

> decorrer de expressa previsão legal, em microssistema especial, como na proteção do meio ambiente (Lei 6.938/1981, art. 3º, IV, c/c o art. 14, § 1º). Segundo, quando as circunstâncias indicarem a presença de um *standard* ou dever de ação estatal mais rigoroso do que aquele que jorra, consoante a construção doutrinária e jurisprudencial, do texto constitucional".

Mesmo que o Estado se enquadre como poluidor indireto por sua inércia em evitar o dano ambiental, após a reparação deverá regressar contra o poluidor direto. Nesse sentido, colaciona-se passagem do Informativo 388 do STJ:

> "Danos ambientais. Responsabilidade solidária.
> A questão em causa diz respeito à responsabilização do Estado por danos ambientais causados pela invasão e construção, por particular, em unidade de conservação (parque estadual). A Turma entendeu haver responsabilidade solidária do Estado quando, devendo agir para evitar o dano ambiental, mantém-se inerte ou atua de forma deficiente. A responsabilização decorre da omissão ilícita, a exemplo da falta de fiscalização e de adoção de outras medidas preventivas inerentes ao poder de polícia, as quais, ao menos indiretamente, contribuem para provocar o dano, até porque o poder de polícia ambiental não se exaure com o embargo à obra, como ocorreu no caso. Há que ponderar, entretanto, que essa cláusula de solidariedade não pode implicar benefício para o particular que causou a degradação ambiental com sua ação, em detrimento do erário. Assim, sem prejuízo da responsabilidade solidária, deve o Estado – que não provocou diretamente o dano nem obteve proveito com sua omissão – buscar o ressarcimento dos valores despendidos do responsável direto, evitando, com isso, injusta oneração da sociedade. Com esses fundamentos, deu-se provimento ao recurso. Precedentes citados: AgRg no Ag 973.577-SP, *DJ* 19.12.2008; REsp 604.725-PR, *DJ* 22.08.2005; AgRg no Ag 822.764-MG, *DJ* 02.08.2007,

> e REsp 647.493-SC, *DJ* 22.10.2007. REsp 1.071.741-SP, Rel. Min. Herman Benjamin, julgado em 24/3/2009".

Contudo, apesar de ser solidária, a atual jurisprudência dominante no STJ (1.ª e 2.ª Turmas) é no sentido de que a responsabilidade civil do Poder Público é de execução subsidiária, na hipótese de omissão de cumprimento adequado do seu dever de fiscalizar que foi determinante para a concretização ou o agravamento do dano causado pelo seu causador direto:

> "Processual civil, administrativo e ambiental. Adoção como razões de decidir de parecer exarado pelo Ministério Público. Inexistência de nulidade. Art. 2º, parágrafo único, da Lei 4.771/1965. Dano ao meio ambiente. Responsabilidade civil do Estado por omissão. Arts. 3º, IV, c/c 14, § 1º, da Lei 6.938/1981. Dever de controle e fiscalização.
>
> 1. A jurisprudência predominante no STJ é no sentido de que, em matéria de proteção ambiental, há responsabilidade civil do Estado quando a omissão de cumprimento adequado do seu dever de fiscalizar for determinante para a concretização ou o agravamento do dano causado pelo seu causador direto. Trata-se, todavia, de responsabilidade subsidiária, cuja execução poderá ser promovida caso o degradador direto não cumprir a obrigação, 'seja por total ou parcial exaurimento patrimonial ou insolvência, seja por impossibilidade ou incapacidade, por qualquer razão, inclusive técnica, de cumprimento da prestação judicialmente imposta, assegurado, sempre, o direito de regresso (art. 934 do Código Civil), com a desconsideração da personalidade jurídica, conforme preceitua o art. 50 do Código Civil' (REsp 1.071.741/SP, 2.ª T., Min. Herman Benjamin, *DJe* de 16.12.2010).
>
> 2. Examinar se, no caso, a omissão foi ou não 'determinante' (vale dizer, causa suficiente ou concorrente) para a 'concretização ou o agravamento do dano' é

> juízo que envolve exame das circunstâncias fáticas da causa, o que encontra óbice na Súmula 07/STJ.
>
> 3. Agravos regimentais desprovidos" (AgRg no REsp 1001780, 1.ª T., j. 27.09.2011).

Entendemos que esse posicionamento foi acertado, pois visa evitar que o Estado se torne um garantidor universal em demandas que versem sobre danos ambientais. Assim, o poder público só responde pela reparação de dano ambiental quando o poluidor não for encontrado ou não possua patrimônio suficiente.

Esse posicionamento foi sumulado pelo STJ em 02/12/2021:

> **Súmula 652. A responsabilidade civil da Administração Pública por danos ao meio ambiente, decorrente de sua omissão no dever de fiscalização, é de caráter solidário, mas de execução subsidiária.** (Primeira Seção. Aprovada em 2/12/2021).

CASE 12 – Elaborado pelo Prof. Frederico Amado

Ementa: Dano ambiental. Chamamento ao processo.

TEXTO DO *CASE*: Em uma ação civil pública movida pela União e o ICMBio para reparar dano ambiental na unidade de conservação X, a empresa Alfa chamou ao processo a empresa Beta, alegando ser também poluidora da área. É admitida a aludida intervenção de terceiros? Justifique.

RESPOSTA

O STJ não admite intervenção de terceiros em Ação Civil Pública de reparação de dano ambiental. Como a responsabilidade dos poluidores é solidária, cabe ao poluidor exercer seu direito de regresso, quando cabível, em uma ação autônoma. Assim, não é cabível a denunciação da lide ou chamamento ao processo em matéria ambiental, conforme entendimento do STJ:

> "2. A Ação Civil Pública deve discutir, unicamente, a relação jurídica referente à proteção do meio ambiente e das suas consequências pela violação a ele praticada. [...]
>
> 3. Incabível, por essa afirmação, a denunciação da lide.
>
> 4. Direito de regresso, se decorrente do fenômeno de violação ao meio ambiente, deve ser discutido em ação própria" (REsp 232.187, de 23.03.2000).

> "Processual civil e ambiental. Agravo regimental. Ofensa ao art. 535 do CPC. Inocorrência. Dano ao meio ambiente. Responsabilidade objetiva. Denunciação à lide. Impossibilidade. Relação entre pretensos denunciante e denunciado. Responsabilidade subjetiva. Princípios da economia e celeridade processuais.
>
> 1. Em primeiro lugar, não existe a alegada ofensa ao art. 535 do CPC. A contradição que autoriza o manejo dos aclaratórios é aquela que ocorre entre a fundamentação e o dispositivo, e não a interna à fundamentação. A obscuridade apontada confunde-se com o inconformismo da parte acerca do julgamento da controvérsia de fundo proferido pelo Tribunal, situação não enquadrada entre os vícios do art. 535 do CPC.
>
> 2. Em segundo lugar, pacífico o entendimento desta Corte Superior a respeito da impossibilidade de denunciação à lide quando a relação processual entre o autor e o denunciante é fundada em causa de pedir diversa da relação passível de instauração entre o denunciante e o denunciado, à luz dos princípios da economia e celeridade processuais. Precedentes.

> 3. Na espécie, a responsabilidade por danos ao meio ambiente é objetiva e a responsabilidade existente entre os pretensos denunciante e denunciado é do tipo subjetiva, razão pela qual inviável a incidência do art. 70, III, do CPC.
>
> 4. Agravo regimental não provido" (AgRg no Ag 1.213.458, j. 24.08.2010).

De efeito, a jurisprudência do STJ é firme quanto a não ser obrigatória a formação de litisconsórcio, visto que a responsabilidade de reparação integral do dano ambiental é solidária (permite demandar qualquer um ou todos eles). Pela mesma razão, a jurisprudência do Superior Tribunal entende que os envolvidos não podem alegar que não contribuíram de forma direta e própria para o dano ambiental, como forma de afastar a responsabilidade de reparar.

Passagem no Informativo 433, que noticiou o julgamento do REsp 880.160, de 04.05.2010.

Tema: Responsabilidade civil por danos causados ao meio ambiente

CASE 13 – Elaborado pelo Prof. Frederico Amado

Ementa: Dano ambiental. ACP. Legitimidade passiva *ad causam*.

TEXTO DO *CASE*: José adquiriu uma propriedade rural e promoveu em 1998 o desmatamento irregular de APP. Em 2005 vendeu a Área para Adalberto. Adalberto, em 2015, vendeu a área para João. Este, por sua vez, em 2020 vendeu para Manoel, atual proprietário. O IBAMA pretende em 2022 ingressar com uma ACP para a reparação do dano ambiental. Qual a legitimidade passiva *ad causam*?

RESPOSTA

No caso vertente, houve um dano ambiental perpetrado em um determinado imóvel, que foi vendido posteriormente. Assim, o examinador visa a identificação do réu da ACP.

Em suma, José tem legitimidade passiva, pois praticou o dano ambiental diretamente. Ademais, todos aqueles que adquiriram a propriedade com passivo ambiental também possuem legitimidade passiva, conforme entendimento sumulado do STJ:

> STJ – SÚMULA 623
>
> As obrigações ambientais possuem natureza *propter rem*, sendo admissível cobrá-las do proprietário ou possuidor atual e**/ou dos anteriore**s, à escolha do credor.

Assim, muito embora Adalberto e João não sejam mais proprietários do imóvel, eles podem responder pelos danos ambientais em imóveis que já foram de sua propriedade. Não há litisconsórcio passivo necessário, uma vez que o IBAMA pode acionar o autor do dano, o atual e os ex-proprietários, à sua escolha.

Nesse sentido, de acordo com o STJ,

> *"na linha da Súmula 623, cabe relembrar que a natureza propter rem não afasta a solidariedade da obrigação ambiental. O caráter adesivo da obrigação, que acompanha o bem, não bloqueia a pertinência e os efeitos da solidariedade. Caracterizaria verdadeiro despropósito ético-jurídico que a feição propter rem servisse para isentar o real causador (beneficiário da deterioração) de responsabilidade ou para dificultar a forçosa exigência (e urgência) de recuperação integral e in natura do dano, assim como de indenização por prejuízos remanescentes e de pagamento de consectários de rigor. Olhar para o retrato-presente da titularidade do domínio não implica passar borracha no passado e*

- por esse artifício ou formalismo obsoleto - declarar, pura e simplesmente, a ilegitimidade passiva do devedor originário. Reputar como propter rem a obrigação ambiental visa precisamente fortalecer a efetividade da proteção jurídica do meio ambiente, nunca a enfraquecer, embaraçar ou retardar" (AgInt no AREsp 1995069 / SP, de 08/08/2022).

A tese dos recorrentes foi corretamente repetida pelo C. STJ. Eles defenderam, em síntese, *"que fizeram doação do imóvel em questão a familiares e que, por isso, contra eles não poderia incidir a multa prevista no acordo, já que titulares do domínio não mais eram, destituídos de posse direta e indireta. Afirmam que "As obrigações assumidas no Termo de Ajustamento de Conduta são obrigações propter rem que acompanham o imóvel atingindo o seu atual titular".*

CASE 14 – Elaborado pelo Prof. Frederico Amado

Ementa: dano ambiental público e dano ambiental privado. Prescrição.

TEXTO DO *CASE*: A pretensão de reparação do dano ambiental público e do privado está sujeita à prescrição? Justifique. Obrigações de fazer em TAC ambiental de cunho patrimonial estão sujeitas à prescrição? Justifique.

RESPOSTA

O STJ classifica o dano ambiental em duas categorias: Há o dano ambiental típico, também conhecido como dano ambiental *público*, que atinge o meio ambiente. Também há o dano ambiental atípico, também conhecido como dano ambiental *privado*, que atinge o patrimônio privado, em decorrência do dano ambiental típico. Entendemos que esse último não é um dano ambiental, mas um dano ao patrimônio privado em decorrência de um dano ao meio ambiente. A classificação, embora não seja ideal, via ser relevante para a fixação do regime prescricional.

Quanto ao dano ambiental público, houve um julgamento do STF em sede de repercussão geral, que entendeu pela imprescritibilidade da reparação ao dano ambiental público, que não é pecuniário, mas inerente ao direito fundamental a um ambiente ecologicamente equilibrado. Vejamos:

> RE 654833/AC - ACRE
>
> RECURSO EXTRAORDINÁRIO
>
> Relator(a): Min. ALEXANDRE DE MORAES
>
> Julgamento: 20/04/2020
>
> Publicação: 24/06/2020
>
> Órgão julgador: Tribunal Pleno
>
> Publicação
>
> PROCESSO ELETRÔNICO DJe-157 DIVULG 23-06-2020 PUBLIC 24-06-2020
>
> Ementa
>
> Ementa: RECURSO EXTRAORDINÁRIO. REPERCUSSÃO GERAL. **TEMA 999. CONSTITUCIONAL. DANO AMBIENTAL. REPARAÇÃO. IMPRESCRITIBILIDADE**. 1. Debate-se nestes autos se deve prevalecer o princípio da segurança jurídica, que beneficia o autor do dano ambiental diante da inércia do Poder Público; ou se devem prevalecer os princípios constitucionais de

proteção, preservação e reparação do meio ambiente, que beneficiam toda a coletividade. 2. Em nosso ordenamento jurídico, a regra é a prescrição da pretensão reparatória. A imprescritibilidade, por sua vez, é exceção. Depende, portanto, de fatores externos, que o ordenamento jurídico reputa inderrogáveis pelo tempo. 3. Embora a Constituição e as leis ordinárias não disponham acerca do prazo prescricional para a reparação de danos civis ambientais, sendo regra a estipulação de prazo para pretensão ressarcitória, a tutela constitucional a determinados valores impõe o reconhecimento de pretensões imprescritíveis. 4. O meio ambiente deve ser considerado patrimônio comum de toda humanidade, para a garantia de sua integral proteção, especialmente em relação às gerações futuras. Todas as condutas do Poder Público estatal devem ser direcionadas no sentido de integral proteção legislativa interna e de adesão aos pactos e tratados internacionais protetivos desse direito humano fundamental de 3ª geração, para evitar prejuízo da coletividade em face de uma afetação de certo bem (recurso natural) a uma finalidade individual. 5. A reparação do dano ao meio ambiente é direito fundamental indisponível, sendo imperativo o reconhecimento da imprescritibilidade no que toca à recomposição dos danos ambientais. 6. Extinção do processo, com julgamento de mérito, em relação ao Espólio de Orleir Messias Cameli e a Marmud Cameli Ltda, com base no art. 487, III, b do Código de Processo Civil de 2015, ficando prejudicado o Recurso Extraordinário. Afirmação de tese segundo a qual É imprescritível a pretensão de reparação civil de dano ambiental.

Decisão

O Tribunal, por maioria, apreciando o tema 999 da repercussão geral, extinguiu o processo, com julgamento de mérito, em relação ao Espólio de Orleir Messias Cameli e a Marmud Cameli Ltda, com base no art. 487, III, b, do Código de Processo Civil de 2015, ficando prejudicado o recurso extraordinário, nos termos do voto do Relator, vencidos os Ministros Gilmar

> Mendes, Marco Aurélio e Dias Toffoli (Presidente), que davam provimento ao recurso. O Ministro Roberto Barroso acompanhou o Relator com ressalvas. **Foi fixada a seguinte tese: "É imprescritível a pretensão de reparação civil de dano ambiental"**. Falou, pela assistente, o Dr. Antonio Rodrigo Machado de Sousa. Não participou deste julgamento, por motivo de licença médica no início da sessão, o Ministro Celso de Mello (art. 2º, § 5º, da Res. 642/2019) Plenário, Sessão Virtual de 10.4.2020 a 17.4.2020.

Por outro lado, o **dano ambiental privado possui caráter nitidamente patrimonial**, o que enseja a **fixação do prazo prescricional**.

Conquanto não tenha conhecido do Recurso Especial 1.437.847, em 26/8/2015, o STJ manteve decisão do TJ RJ que acolheu a tese da prescrição trienal ao caso de pedido de indenização de pescador decorrente de vazamento de óleo na Baía de Guanabara.

Na fundamentação, o STJ rejeitou a utilização da tese da imprescritibilidade aplicável ao dano ambiental público:

> "O julgado atacado concluiu pela incidência da prescrição trienal à ação de reparação civil de caráter individual fundado no derramamento de óleo na Baía de Guanabara que obstou o prosseguimento da atividade pesqueira desempenhada pelos demandantes. No recurso especial, entretanto, os recorrentes, a título de divergência pretoriana, colacionam julgado que decidiu pela imprescritibilidade de ações coletivas em que se pleiteia indenização por danos ambientais ante a natureza difusa do interesse em litígio. Nesse contexto, não há semelhança entre as bases fáticas dos acórdãos confrontados, razão pela qual não são aptos para demonstrar o dissídio jurisprudencial".
>
> Processo
>
> AgInt no AREsp 1734250 / MA

AGRAVO INTERNO NO AGRAVO EM RECURSO ESPECIAL
2020/0185232-3
Órgão Julgador
T2 - SEGUNDA TURMA
Data do Julgamento
10/05/2021
Data da Publicação/Fonte
DJe 14/05/2021
Ementa

PROCESSUAL CIVIL. AÇÃO DE REPARAÇÃO DE DANOS MATERIAIS E MORAIS. USINA HIDRELÉTRICA DE ESTREITO. PRESCRIÇÃO. TERMO INICIAL. TEORIA DA *ACTIO NATA*. CONTROVÉRSIA RESOLVIDA PELO TRIBUNAL DE ORIGEM, À LUZ DAS PROVAS DOS AUTOS. IMPOSSIBILIDADE DE REVISÃO, NA VIA ESPECIAL. SÚMULA N. 7/STJ. DIVERGÊNCIA JURISPRUDENCIAL. PREJUDICADA.

I – Trata-se de ação objetivando tutela jurisdicional com vistas à reparação de danos morais e materiais sofridos em decorrência de danos ambientais havidos pelo represamento das águas do Rio Tocantins, para implantação da Usina Hidrelétrica de Estreito, com a consequente diminuição/esgotamento da população de peixes no local.

II – O Tribunal a quo negou provimento à ap lação do particular, mantendo incólume a decisão monocrática que julgou improcedente o pedido, em razão da ocorrência da prescrição do direito de ação autoral.

III – No que trata da alegação da existência de dissídio jurisprudencial, relacionado à deflagração do termo inicial do prazo prescricional da pretensão indenizatória, previsto no art. 206, § 3º, V, do Código Civil, verifica-se que o entendimento adotado pelo Tribunal a quo alinha-se à jurisprudência desta Corte, firmada no sentido de que o prazo prescricional da ação indenizatória, por danos causados em razão da construção de usina hidrelétrica, inicia-se a partir da data em que

> o titular do direito toma conhecimento inequívoco do fato e da extensão de suas consequências, nos termos do princípio da *actio nata*, podendo esse momento coincidir ou não com o do alagamento do reservatório da usina hidrelétrica.
>
> IV – De igual forma, também correto o entendimento esposado no decisum recorrido, de que as demandas indenizatórias ajuizadas com vistas à reparação de interesses de cunho individual e patrimonial, como é o caso dos autos, devem sujeitar-se ao prazo prescricional trienal, estabelecido no art. 206, § 3º, V, do CC, o que afasta a tese de dano ambiental contínuo.

Por sua vez, ainda de acordo com o STJ, "a pretensão executória de obrigações de fazer previstas em Termo de ajustamento de conduta (TAC) firmado para reparação de danos ambientais decorrentes de empreendimento imobiliário, quando relacionadas a questões meramente patrimoniais, não visando a restauração de bens de natureza ambiental, sujeita-se à prescrição quinquenal" (AREsp 1.941.907-RJ, Rel. Min. Benedito Gonçalves, Primeira Turma, por unanimidade, julgado em 09/08/2022).

Assim, em suma**, o dano ambiental público é imprescritível, enquanto o dano ambiental privado sofre a incidência do prazo prescricional de 3 anos**. Ademais, as prestações de cunho patrimonial constantes **em Termo de Ajustamento de Conduta estão sujeitas a prazo prescricional de 5 anos**, conforme entendimento do STJ.

CASE 15 – Elaborado pelo Prof. Frederico Amado

Ementa: Dano ambiental. ACP. Condenação. Reparação do dano ambiental em favor de fundo de recomposição de bens lesados.

TEXTO DO *CASE*: Em sede de ACP ajuizada pelo ICMBio em decorrência de dano ambiental em parque nacional, cabível que o magistrado, de modo cumulativo, cumule condenações em reparação do dano ambiental com indenização em favor do fundo de recomposição de bens lesados? Justifique.

RESPOSTA

É cabível ao juiz determinar obrigações de fazer (reparar o dano), obrigações de não fazer (cessar a prática do ato ilícito), além da obrigação de pagar (indenização para recomposição do fundo de bens lesados em razão de lesão ao patrimônio difuso). Vejamos a súmula 629:

> STJ/SÚMULA 629:
>
> Quanto ao dano ambiental, é admitida a condenação do réu à obrigação de fazer ou à de não fazer cumulada com a de indenizar.

Também nesse sentido o julgamento do Recurso Especial 1.180.078, de 02.12.2010:

> "Ambiental. Desmatamento. Cumulação de obrigação de fazer (reparação da área degradada) e de pagar quantia certa (indenização). Possibilidade. Interpretação da norma ambiental.
>
> Cuidam os autos de Ação Civil Pública proposta com o fito de obter responsabilização por danos ambientais causados pelo desmatamento de área de mata nativa. A instância ordinária considerou provado o dano ambiental e condenou o degradador a repará-lo; porém, julgou improcedente o pedido indenizatório.
>
> A jurisprudência do STJ está firmada no sentido de que a necessidade de reparação integral da lesão causada ao meio ambiente permite a cumulação de obrigações de fazer e indenizar. Precedentes da Primeira e Segunda Turmas do STJ.
>
> A restauração *in natura* nem sempre é suficiente para reverter ou recompor integralmente, no terreno da responsabilidade civil, o dano ambiental causado, daí não exaurir o universo dos deveres associados aos princípios do poluidor-pagador e da reparação *in integrum.*
>
> A reparação ambiental deve ser feita da forma mais completa possível, de modo que a condenação a

> recuperar a área lesionada não exclui o dever de indenizar, sobretudo pelo dano que permanece entre a sua ocorrência e o pleno restabelecimento do meio ambiente afetado (= dano interino ou intermediário), bem como pelo dano moral coletivo e pelo dano residual (= degradação ambiental que subsiste, não obstante todos os esforços de restauração).
>
> A cumulação de obrigação de fazer, não fazer e pagar não configura *bis in idem*, porquanto a indenização não é para o dano especificamente já reparado, mas para os seus efeitos remanescentes, reflexos ou transitórios, com destaque para a privação temporária da fruição do bem de uso comum do povo, até sua efetiva e completa recomposição, assim como o retorno ao patrimônio público dos benefícios econômicos ilegalmente auferidos.
>
> Recurso Especial parcialmente provido para reconhecer a possibilidade, em tese, de cumulação de indenização pecuniária com as obrigações de fazer voltadas à recomposição *in natura* do bem lesado, com a devolução dos autos ao Tribunal de origem para que verifique, se na hipótese, há dano indenizável e para fixar eventual *quantum debeatur*".

De acordo com o STJ, no julgamento do Recurso Especial 1.198.727, de 14.08.2012, "ao responsabilizar-se civilmente o infrator ambiental, não se deve confundir prioridade da recuperação *in natura* do bem degradado com impossibilidade de cumulação simultânea dos deveres de repristinação natural (obrigação de fazer), compensação ambiental e indenização em dinheiro (obrigação de dar), e abstenção de uso e de nova lesão (obrigação de não fazer)".

CASE 16 – Elaborado pelo Prof. Frederico Amado

Ementa: Indenização ambiental. Critério de cálculo.

TEXTO DO *CASE*: A União e o IBAMA ajuizaram ACP para a condenação da empresa A em pagamento de indenização ambiental decorrente da extração irregular de recursos minerais. O juiz acolheu parcialmente o pedido, fixando a indenização no montante de 50% (cinquenta por cento) do faturamento total da empresa proveniente da extração irregular do minério, porquanto consideradas as despesas referentes à atividade empresarial (impostos e outras), devendo representar 100% do valor obtido com a extração ilegal. A decisão está de acordo com a posição do STJ? Justifique.

RESPOSTA

Conforme fixado pelo STJ, a indenização de dano ambiental deve abranger a totalidade dos danos causados, **não sendo possível ser decotadas em seu cálculo despesas referentes à atividade empresarial (impostos e outras).** (REsp 1.923.855-SC, Rel. Min. Francisco Falcão, Segunda Turma, por unanimidade, julgado em 26/04/2022, DJe 28/04/2022):

> "O ministro Francisco Falcão, relator do recurso, afirmou que o entendimento do TRF4 equivale a admitir que a administração pública estaria obrigada a "indenizar os custos que o autuado teve que suportar com o cometimento da infração ambiental, dolosamente praticada" – o que contraria a jurisprudência do STJ (AREsp 1.676.242 e AREsp 1.520.373).
>
> De acordo com o magistrado, não há dúvida sobre o valor do dano, estimado no parecer do DNPM, que apurou administrativamente a responsabilidade pela lavra ilegal e apontou o volume de minérios usurpado da União pelos infratores.
>
> Francisco Falcão concluiu que "a indenização deve abranger a totalidade dos danos causados", razão pela qual a fixou em 100% do faturamento proveniente da extração irregular de minérios ou do valor de mercado, aplicando-se o maior.

Assim, é indevida a fixação de indenização no montante de 50% (cinquenta por cento) do faturamento total da empresa proveniente da extração irregular do minério, porquanto consideradas as despesas referentes à atividade empresarial (impostos e outras), devendo representar 100% do valor obtido com a extração ilegal.

Assim, não é cabível o abatimento de despesas empresariais, devendo ser cobrado 100% do valor obtido com a atividade ilícita.

CASE 17 – Elaborado pelo Prof. Frederico Amado

Ementa: Dano ambiental. ACP. Dano moral coletivo. Critérios.

TEXTO DO *CASE*: Cabível em ACP a condenação do poluidor em dano moral coletivo? Justifique. Se a resposta for positiva, quais critérios a considerar? Justifique.

RESPOSTA

O dano moral coletivo é presumido, *in re ipsa*, tendo em vista o prejuízo da coletividade, sendo pacífico o entendimento quanto ao seu cabimento. Por ser presumido, não é necessária a sua comprovação. Nesse sentido, o STJ:

> "Ambiental, administrativo e processual civil. Ação civil pública. Proteção e preservação do meio ambiente. Complexo Parque do Sabiá. Ofensa ao art. 535, II, do CPC não configurada. Cumulação de obrigações de fazer com indenização pecuniária. Art. 3º da Lei 7.347/1985. Possibilidade. Danos morais coletivos. Cabimento.
>
> Não ocorre ofensa ao art. 535 do CPC, se o Tribunal de origem decide, fundamentadamente, as questões essenciais ao julgamento da lide.
>
> Segundo a jurisprudência do STJ, a logicidade hermenêutica do art. 3º da Lei 7.347/1985 permite a cumulação das condenações em obrigações de fazer ou não fazer e indenização pecuniária em sede de ação civil pública, a fim de possibilitar a concreta e cabal reparação do dano ambiental pretérito, já consumado. Microssistema de tutela coletiva.
>
> O dano ao meio ambiente, por ser bem público, gera repercussão geral, impondo conscientização coletiva à sua reparação, a fim de resguardar o direito das futuras gerações a um meio ambiente ecologicamente equilibrado.
>
> O dano moral coletivo ambiental atinge direitos de personalidade do grupo massificado, sendo desnecessária a demonstração de que a coletividade sinta a dor, a repulsa, a indignação, tal qual fosse um indivíduo isolado.
>
> Recurso especial provido, para reconhecer, em tese, a possibilidade de cumulação de indenização pecuniária com as obrigações de fazer, bem como a condenação em danos morais coletivos, com a devolução dos autos ao Tribunal de origem para que verifique se, no caso,

> há dano indenizável e fixação do eventual *quantum debeatur*" (REsp 1.269.494, de 24.09.2013).

O juízo pode se valer de alguns critérios para a fixação da indenização em sede de dano moral coletivo. Deve ser considerada a extensão do dano ambiental, pois a indenização deve corresponder à dimensão do prejuízo causado ao meio ambiente natural. Ademais, o juiz pode avaliar se o infrator é reincidente, além do poder econômico do poluidor.

Vejamos julgado do STJ:

Tema/ Repetitivo	707	Situação do Tema	Trânsito em Julgado	Ramo do Direito	DIREITO CIVIL
Questão submetida a julgamento	Questão referente à responsabilidade civil em caso de acidente ambiental (rompimento de barragem) ocorrido nos Municípios de Miraí e Muriaé, Estado de Minas Gerais.				
Tese Firmada	a) a responsabilidade por dano ambiental é objetiva, informada pela teoria do risco integral, sendo o nexo de causalidade o fator aglutinante que permite que o risco se integre na unidade do ato, sendo descabida a invocação, pela empresa responsável pelo dano ambiental, de excludentes de responsabilidade civil para afastar sua obrigação de indenizar; b) em decorrência do acidente, a empresa deve recompor os danos materiais e morais causados; *c) na fixação da indenização por danos morais, recomendável que o arbitramento seja feito caso a caso e com moderação, proporcionalmente ao grau de culpa, ao nível socioeconômico do autor, e, ainda, ao porte da empresa*, orientando-se o juiz pelos critérios sugeridos pela doutrina e jurisprudência, com razoabilidade, valendo-se de sua experiência e bom senso, atento à realidade da vida e às peculiaridades de cada caso, de modo a que, de um lado, não haja enriquecimento sem causa de quem recebe a indenização e, de outro, haja efetiva compensação pelos danos morais experimentados por aquele que fora lesado.				

CASE 18– Elaborado pelo Prof. Frederico Amado

Ementa: Dano ambiental. Chamamento ao processo.

TEXTO DO *CASE*: A reparação do dano ambiental privado está sujeita ao regime de responsabilidade civil objetiva à luz da Teoria do Risco Integral? Justifique.

RESPOSTA

Inicialmente, cumpre ressaltar que a Lei 6.938/81 determina que o poluidor é obrigado a indenizar ou reparar os danos causados ao meio ambiente e a terceiros, afetados por sua atividade, independentemente da existência de culpa. Assim, fica observado que o dano ambiental está sujeito à responsabilidade civil objetiva.

A jurisprudência vem entendendo que se aplica a teoria do risco integral ao dano ambiental, não importando se o dano ambiental é público ou privado. Saliente-se que no dano ambiental privado se aplica o prazo prescricional de 3 anos, enquanto o dano ambiental público é considerado imprescritível.

Assim, em decorrência da aplicação da teoria do risco integral, não se admite o rompimento do nexo causal por meio do caso fortuito, força maior ou fato de terceiro.

O Superior Tribunal de Justiça vem classificando o dano ambiental em individual e coletivo, aplicando o regime de responsabilidade civil objetiva pela **Teoria do Risco Integral** em ambos os casos:

> INFORMATIVO 544 – DIREITO AMBIENTAL. RESPONSABILIDADE CIVIL OBJETIVA POR DANO AMBIENTAL PRIVADO.
>
> O particular que deposite resíduos tóxicos em seu terreno, expondo-os a céu aberto, em local onde, apesar da existência de cerca e de placas de sinalização informando a presença de material orgânico, o acesso de outros particulares seja fácil, consentido e costumeiro, responde objetivamente pelos danos sofridos por pessoa que, por conduta não dolosa, tenha sofrido, ao entrar na propriedade, graves queimaduras decorrentes de contato com os resíduos.
>
> A responsabilidade civil por danos ambientais, seja por lesão ao meio ambiente propriamente dito (dano

ambiental público), seja por ofensa a direitos individuais (dano ambiental privado), é objetiva, fundada na teoria do risco integral, em face do disposto no art. 14, § 1º, da Lei 6.938/1981, que consagra o princípio do poluidor-pagador. A responsabilidade objetiva fundamenta-se na noção de risco social, que está implícito em determinadas atividades, como a indústria, os meios de transporte de massa, as fontes de energia. Assim, a responsabilidade objetiva, calcada na teoria do risco, é uma imputação atribuída por lei a determinadas pessoas para ressarcirem os danos provocados por atividades exercidas no seu interesse e sob seu controle, sem que se proceda a qualquer indagação sobre o elemento subjetivo da conduta do agente ou de seus prepostos, bastando a relação de causalidade entre o dano sofrido pela vítima e a situação de risco criada pelo agente. Imputa-se objetivamente a obrigação de indenizar a quem conhece e domina a fonte de origem do risco, devendo, em face do interesse social, responder pelas consequências lesivas da sua atividade independente de culpa.

Nesse sentido, a teoria do risco como cláusula geral de responsabilidade civil restou consagrada no enunciado normativo do parágrafo único do art. 927 do CC, que assim dispôs: "Haverá obrigação de reparar o dano, independentemente de culpa, nos casos especificados em lei, ou quando a atividade normalmente desenvolvida pelo autor do dano implicar, por sua natureza, risco para os direitos de outrem". A teoria do risco integral constitui uma modalidade extremada da teoria do risco em que o nexo causal é fortalecido de modo a não ser rompido pelo implemento das causas que normalmente o abalariam (*v.g.* culpa da vítima; fato de terceiro, força maior). Essa modalidade é excepcional, sendo fundamento para hipóteses legais em que o risco ensejado pela atividade econômica também é extremado, como ocorre com o dano nuclear (art. 21, XXIII, "c", da CF e Lei 6.453/1977). O mesmo ocorre com o dano ambiental (art. 225, *caput* e § 3º, da CF e art. 14, § 1º, da Lei 6.938/1981), em face da crescente preocupação com o meio ambiente. Nesse mesmo sentido, extrai-se da doutrina que, na responsabilidade civil pelo dano ambiental, não são aceitas as excludentes de fato de terceiro, de culpa da vítima, de caso fortuito ou de força maior. Nesse contexto, a colocação de placas no local indicando a presença de material orgânico não é suficiente para excluir a responsabilidade civil. REsp 1.373.788-SP, Rel. Min. Paulo de Tarso Sanseverino, j. 06.05.2014.

CASE 19 – Elaborado pelo Prof. Frederico Amado

Ementa: ACP. Princípio da insignificância.

TEXTO DO *CASE*: O IBAMA propôs uma ACP contra um fazendeiro objetivando a reparação de dano ambiental consistente no desmatamento irregular de 0,1 hectare de APP. Em sede de contestação, o Réu postulou a improcedência do pedido em aplicação ao Princípio da Insignificância. A tese de defesa está alinhada ao STJ? Justifique.

RESPOSTA

O princípio da insignificância, também conhecido como princípio da bagatela, via de regra, não tem aplicação na seara ambiental, salvo em alguns crimes ambientais, como a pesca em pequenas quantidades. Logo, **não se aplica à seara cível.**

Mesmo que mínimo, o dano ambiental é sempre passível de responsabilização civil, que não detém natureza punitiva no Brasil (ao contrário da criminal e administrativa), e sim ressarcitória, razão pela qual o Princípio da Insignificância não possui compatibilidade com a instância ambiental cível.

Nesse sentido, o acertado posicionamento do STJ (AREsp 667867/SP, de 17/10/2018):

> "DIREITO AMBIENTAL. AGRAVO EM RECURSO ESPECIAL. RESPONSABILIDADE CIVIL. INEXISTÊNCIA DE DISSÍDIO. NÃO HÁ SIMILITUDE ENTRE OS JULGADOS. PRINCÍPIO DA INSIGNIFICÂNCIA. INAPLICÁVEL EM SEDE DE RESPONSABILIDADE CIVIL AMBIENTAL. DERRAMAMENTO DE ÓLEO. POLUIÇÃO. DEGRADAÇÃO AMBIENTAL.
>
> 2. O princípio da insignificância não possui substrato teórico apto a viabilizar a sua incidência na esfera da responsabilidade civil ambiental. Toda conduta de degradação ambiental lesiona o bem jurídico tutelado, pois a defesa de nossas biotas perpassa pela prevenção e preservação, logo, por mais que o dano seja ínfimo (baixa destruição da biota), a lesão à educação socioambiental afasta o requisito da mínima lesividade da conduta.
>
> 3. O bem ambiental é imensurável, não tem valor patrimonial, trata-se de um bem difuso, essencial à coletividade. Dessa forma, a violação da norma ambiental e do equilíbrio sistêmico não comporta a ideia de inexpressividade da conduta para aplicação do princípio da insignificância, pois o interesse protegido envolve

toda a sociedade e, em nome do bem-estar desta, é que deve ser aplicada.

4. Em qualquer quantidade que seja derramamento de óleo é poluição, seja por inobservância dos padrões ambientais (inteligência do art. 3º, III, "e", da Lei n. 6.938/1981, c/c o art. 17 da Lei n. 9.966/2000), seja por conclusão lógica dos princípios da solidariedade, dimensão ecológica da dignidade humana, prevenção, educação ambiental e preservação das gerações futuras.

5. Reconhecido o dano e o nexo causal caberia ao Tribunal a quo, ante as circunstâncias fáticas do caso concreto, lastreado na razoabilidade e proporcionalidade, tangenciar a lesividade da conduta e arbitrar um valor justo as peculiaridades da causa.

6. Recurso especial provido para reconhecer a inaplicabilidade do princípio da insignificância em matéria de responsabilidade civil ambiental".

CASE 20 – Elaborado pelo Prof. Frederico Amado

Ementa: Dano ambiental. Chamamento ao processo.

TEXTO DO *CASE*: Defina dano ambiental residual e intercorrente.

RESPOSTA

O dano ambiental pode ser classificado em residual (conhecido também como permanente, perene ou definitivo) que é aquele que cessa integralmente se houver a sua reparação, se possível;

O dano ambiental intercorrente (intermediário, transitório, provisório, temporário, interino) é aquele que se consumou no interregno entre a sua ocorrência e a sua reparação, se possível.

Trata-se de uma classificação usada no STJ, conforme acórdão anexo:

> PROCESSO
>
> REsp 1940030 / SP
>
> RECURSO ESPECIAL
>
> 2021/0038297-6
>
> RELATOR
>
> Ministro OG FERNANDES (1139)
>
> ÓRGÃO JULGADOR
>
> T2 - SEGUNDA TURMA
>
> DATA DO JULGAMENTO
>
> 16/08/2022
>
> DATA DA PUBLICAÇÃO/FONTE
>
> DJe 06/09/2022
>
> PROCESSUAL CIVIL. ADMINISTRATIVO. AMBIENTAL. RECURSO ESPECIAL. DANOS MORAIS COLETIVOS. DANOS AMBIENTAIS INTERCORRENTES. OCORRÊNCIA.
>
> 1. Os danos morais coletivos são presumidos. É inviável a exigência de elementos materiais específicos e pontuais para sua configuração.
>
> 2. A configuração dessa espécie de dano depende da verificação de aspectos objetivos da causa. Trata-se de operação lógica em que os fatos conhecidos permitem ao julgador concluir pela ocorrência de fatos desconhecidos.

3. Considerando-se a inversão do ônus probatório em matéria ambiental, deve o réu comprovar a inexistência de tais elementos objetivos. A presunção opera em favor do fato presumido, somente se afastando diante de razões concretas.

4. O dano intercorrente não se confunde com o dano residual. O dano ambiental residual (permanente, perene, definitivo) pode ser afastado quando a área degradada seja inteiramente restaurada ao estado anterior pelas medidas de reparação in natura. O dano ambiental intercorrente (intermediário, transitório, provisório, temporário, interino) pode existir mesmo nessa hipótese, porquanto trata de compensar as perdas ambientais havidas entre a ocorrência da lesão (marco inicial) e sua integral reparação (marco final).
5. Hipótese em que o acórdão reconheceu a ocorrência de graves e sucessivas lesões ambientais em área de preservação permanente (APP) mediante soterramento, entulhamento, aterramento e construção e uso de construções civis e estacionamento, sem autorização ambiental e com supressão de vegetação nativa de mangue, restinga e curso d'água.

6. Patente a presença de elementos objetivos de significativa e duradoura lesão ambiental, configuradora dos danos ambientais morais coletivos e dos intercorrentes. As espécies de danos devem ser individualmente arbitradas, na medida em que possuem causas e marcos temporais diversos.

7. Recurso especial provido para reconhecer a existência de danos ambientais morais coletivos e danos ambientais intercorrentes, com valor compensatório a ser arbitrado em liquidação.

CASE 21 – Elaborado pelo Prof. Frederico Amado

Ementa: Indenização ambiental. Juros de mora e correção monetária

TEXTO DO *CASE*: Em uma ACP que objetive a condenação em indenização ambiental, qual deverá ser o termo inicial dos juros de mora e da correção monetária? Justifique.

RESPOSTA

Na fixação da indenização por dano ao ambiente extrapatrimonial, a correção monetária e os juros de mora dar-se-ão desde a data da ocorrência do dano ambiental. Nesse sentido, o STJ:

> "PROCESSUAL CIVIL. AGRAVO INTERNO. EMBARGOS DE DIVERGÊNCIA. RESPONSABILIDADE CIVIL OBJETIVA. INDENIZAÇÃO POR DANO AMBIENTAL.
>
> TERMO INICIAL DA CORREÇÃO MONETÁRIA. SÚMULA 43 DO STJ. 1. A indenização por dano material oriunda de responsabilidade civil objetiva extracontratual, tem, como termo inicial da correção monetária, a data do evento danoso, nos termos da Súmula 43 do STJ. Precedentes" (AgInt nos EDcl nos EREsp 1312355, de 5/10/2016).

Ademais, em se tratando de juros moratórios, sua contagem se dá a partir da data do evento danoso, seja no dano ambiental público ou no dano ambiental privado, também conforme o entendimento do STJ:

> "Termo inicial de incidência dos juros moratórios na data do evento danoso. Nos termos da Súmula 54/STJ, os juros moratórios incidem a partir da data do fato, no tocante aos valores devidos a título de dano material e moral" (REsp 1114398, de 8/2/2012, 2ª Seção, repetitivo).

Tema/ Repetitivo	440	Situação do Tema	Trânsito em Julgado	Ramo do Direito	DIREITO CIVIL
Questão submetida a julgamento	Discute o termo inicial da incidência dos juros moratórios para a reparação a título de danos morais e materiais decorrentes de acidente ambiental.				
Tese Firmada	Os juros moratórios incidem a partir da data do fato, no tocante aos valores devidos a título de dano material e moral.				

CASE 22 – Elaborado pelo Prof. Frederico Amado

Ementa: Indenização por dano material. Acidente ambiental. Cabimento. Reflexos no pagamento de seguro desemprego do pescador artesanal (defeso)

TEXTO DO *CASE*: Um pescador artesanal postula contra a Petrobrás uma indenização por dano material em decorrência de dano ao seu patrimônio oriundo de acidente ambiental, pois ficou impedido de pescar por 6 meses em razão de derramamento de óleo em rio que habitualmente exerce a pesca artesanal. Apresentou como prova documento o registro de pescador artesanal na Secretaria de Pesca. Esse documento é idôneo à comprovação? Justifique. Cabe condenação em dano moral? Justifique. O período de defeso também deve ser indenizado? Justifique.

RESPOSTA

O *case* aborda uma questão prática, que é o dano ambiental particular causado a um pescador, que ficou impedido de exercer a atividade pesqueira em razão de derramamento de óleo no local onde laborava.

O STJ entendeu que **o registro de pescador profissional e a habilitação ao benefício do seguro-desemprego**, somado a outros possíveis meios de prova, são **idôneos** à comprovação do dano material e moral no caso em questão:

Tema/ Repetitivo	**680**	**Situação do Tema**	**Trânsito em Julgado**	**Ramo do Direito**	**DIREITO PROCESSUAL CIVIL E DO TRABALHO**
Questão submetida a julgamento	**Questão referente à ação indenizatória por danos materiais e morais promovida por pescadores em razão de acidente ambiental ocorrido no rio Sergipe, em que se discute a legitimidade processual do autor da ação.**				
Tese Firmada	**Para demonstração da legitimidade para vindicar indenização por dano ambiental que resultou na redução da pesca na área atingida, o *registro de pescador profissional e a habilitação ao benefício do seguro-desemprego*, durante o período de defeso, somados a outros elementos de prova que permitam o convencimento do magistrado acerca do exercício dessa atividade, são idôneos à sua comprovação.**				

Ademais, é possível a existência de dano moral no caso vertente, em decorrência do dano causado pela privação das condições de trabalho, em consequência do dano ambiental. Vejamos o Tema 439 do STJ:

Tema/ Repetitivo	439	Situação do Tema	Trânsito em Julgado	Ramo do Direito	DIREITO CIVIL
Questão submetida a julgamento	Discute-se a inexistência de dano moral em razão de acidente ambiental ocorrido no Porto de Paranaguá com o navio N/T Norma.				
Tese Firmada	**É devida a *indenização por dano moral* patente o sofrimento intenso do pescador profissional artesanal, causado pela privação das condições de trabalho, em consequência do dano ambiental.**				
Anotações Nugep	Ocorre dano moral no caso de trabalhador profissional da pesca que, em virtude de acidente ambiental, resta impossibilitado de realizar seu trabalho.				

Saliente-se que os danos materiais podem ser ressarcidos. Dentre os danos materiais não é possível incluir o período de defeso, uma vez que existe a proibição total do exercício da atividade no período. Nesse sentido, o STJ:

Tema/ Repetitivo	834	Situação do Tema	Trânsito em Julgado	Ramo do Direito	DIREITO CIVIL
Questão submetida a julgamento	Questão referente à ação indenizatória por danos materiais e morais promovida por pescadores em razão de acidente ambiental ocorrido no rio Sergipe, em que se discute os valores arbitrados a título de reparação por lucros cessantes e por dano moral.				
Tese Firmada	O dano material somente é indenizável mediante prova efetiva de sua ocorrência, não havendo falar em indenização por lucros cessantes dissociada do dano efetivamente demonstrado nos autos; **assim, se durante o interregno em que foram experimentados os efeitos do dano ambiental houve o *período de 'defeso'* – incidindo a proibição sobre toda atividade de pesca do lesado –, *não há cogitar em indenização por lucros cessantes durante essa vedação.***				

Tema: Crimes Ambientais

CASE 23 – Elaborado pelo Prof. Frederico Amado

Ementa: Crime ambiental. Denúncia. Dupla imputação.

TEXTO DO *CASE*: A Petrobras e o seu Presidente são acusados pelo MPF do cometimento de crimes ambientais. Caso haja denúncia criminal, a dupla imputação é facultativa ou obrigatória? Justifique.

RESPOSTA

O sistema de dupla imputação em crimes ambientais é a obrigação de promover a responsabilização penal não apenas das pessoas físicas que realizaram o ato típico, mas também a própria pessoa jurídica. Seu fundamento se encontra na Lei de Crimes Ambientais:

> Art. 3º As pessoas jurídicas serão responsabilizadas administrativa, civil e penalmente conforme o disposto nesta Lei, nos casos em que a infração seja cometida por decisão de seu representante legal ou contratual, ou de seu órgão colegiado, no interesse ou benefício da sua entidade.
>
> Parágrafo único. A responsabilidade das pessoas jurídicas não exclui a das pessoas físicas, autoras, coautoras ou partícipes do mesmo fato.

O STJ não admitia a responsabilidade penal da pessoa jurídica sem que alguma pessoa natural fosse codenunciada. No entanto, o Supremo Tribunal Federal não acatou o entendimento do STJ. Em 06 de agosto de 2013, no julgamento do RE 548.181, por 3 votos a 2, **a 1.ª Turma do STF admitiu em tese a possibilidade de condenação da pessoa jurídica por crime ambiental e a absolvição das pessoas físicas, inclusive o gestor da empresa.**

Isso porque o STF desvinculou a responsabilidade penal da pessoa jurídica em relação às pessoas físicas supostamente autoras e partícipes do delito ambiental, em interpretação ao artigo 225, § 3º, da Constituição.

> "Crime ambiental: absolvição de pessoa física e responsabilidade penal de pessoa jurídica – 1. **É admissível a condenação de pessoa jurídica pela prática de crime ambiental, ainda que absolvidas as pessoas físicas ocupantes de cargo de presidência ou de direção do órgão responsável pela prática criminosa.** Com base nesse entendimento, a 1.ª Turma, por maioria, conheceu, em parte, de recurso extraordinário e, nessa parte, deu-lhe provimento para cassar o acórdão recorrido. Neste, a imputação aos dirigentes responsáveis pelas condutas

incriminadas (Lei 9.605/98, art. 54) teria sido excluída e, por isso, trancada a ação penal relativamente à pessoa jurídica. Em preliminar, a Turma, por maioria, decidiu não apreciar a prescrição da ação penal, porquanto ausentes elementos para sua aferição. Pontuou-se que o presente recurso originara-se de mandado de segurança impetrado para trancar ação penal em face de responsabilização, por crime ambiental, de pessoa jurídica. Enfatizou-se que a problemática da prescrição não estaria em debate, e apenas fora aventada em razão da demora no julgamento. Assinalou-se que caberia ao magistrado, nos autos da ação penal, pronunciar-se sobre essa questão. Vencidos os Ministros Marco Aurélio e Luiz Fux, que reconheciam a prescrição. O Min. Marco Aurélio considerava a data do recebimento da denúncia como fator interruptivo da prescrição. Destacava que não poderia interpretar a norma de modo a prejudicar aquele a quem visaria beneficiar. Consignava que a lei não exigiria a publicação da denúncia, apenas o seu recebimento e, quer considerada a data de seu recebimento ou de sua devolução ao cartório, a prescrição já teria incidido" (RE 548.181/PR, rel. Min. Rosa Weber, 06.08.2013).

"Crime ambiental: absolvição de pessoa física e responsabilidade penal de pessoa jurídica – 2. No mérito, anotou-se que a tese do STJ, no sentido de que a persecução penal dos entes morais somente se poderia ocorrer se houvesse, concomitantemente, a descrição e imputação de uma ação humana individual, sem o que não seria admissível a responsabilização da pessoa jurídica, afrontaria o art. 225, § 3º, da CF. Sublinhou-se que, ao se condicionar a imputabilidade da pessoa jurídica à da pessoa humana, estar-se-ia quase que a subordinar a responsabilização jurídico-criminal do ente moral à efetiva condenação da pessoa física. Ressaltou-se que, ainda que se concluísse que o legislador ordinário não estabelecera por completo os critérios de imputação da pessoa jurídica por crimes ambientais, não haveria como pretender transpor o paradigma de imputação das pessoas físicas aos entes coletivos. Vencidos os Ministros Marco Aurélio e Luiz Fux, que negavam provimento ao extraordinário. Afirmavam que o art. 225, § 3º, da CF não teria criado a responsabilidade penal da pessoa jurídica. Para o Min.

Luiz Fux, a mencionada regra constitucional, ao afirmar que os ilícitos ambientais sujeitariam 'os infratores, pessoas físicas ou jurídicas, a sanções penais e administrativas', teria apenas imposto sanções administrativas às pessoas jurídicas. Discorria, ainda, que o art. 5º, XLV, da CF teria trazido o princípio da pessoalidade da pena, o que vedaria qualquer exegese a implicar a responsabilidade penal da pessoa jurídica. Por fim, reputava que a pena visaria à ressocialização, o que tornaria impossível o seu alcance em relação às pessoas jurídicas" (RE 548.181/PR, rel. Min. Rosa Weber, 06.08.2013).

Mesmo sem a manifestação do Plenário do STF, no ano de 2015 o STJ reviu a sua posição, **afastando a dupla imputação obrigatória nos crimes ambientais**, ao receber denúncia ajuizada apenas contra pessoa jurídica por delito ambiental no julgamento do RMS 39.173, de 06.08.2015:

"Penal e processual penal. Recurso em mandado de segurança. Responsabilidade penal da pessoa jurídica por crime ambiental: desnecessidade de dupla imputação concomitante à pessoa física e à pessoa jurídica.

1. Conforme orientação da 1.ª Turma do STF, 'O art. 225, § 3º, da Constituição Federal não condiciona a responsabilização penal da pessoa jurídica por crimes ambientais à simultânea persecução penal da pessoa física em tese responsável no âmbito da empresa. A norma constitucional não impõe a necessária dupla imputação' (RE 548181, Rel. Min. Rosa Weber, 1.ª Turma, j. 06.08.2013, acórdão eletrônico *DJe*-213, divulg. 29.10.2014, public. 30.10.2014).

2. Tem-se, assim, que é possível a responsabilização penal da pessoa jurídica por delitos ambientais independentemente da responsabilização concomitante da pessoa física que agia em seu nome. Precedentes desta Corte.

3. A personalidade fictícia atribuída à pessoa jurídica não pode servir de artifício para a prática de condutas espúrias por parte das pessoas naturais responsáveis pela sua condução."

CASE 24 – Elaborado pelo Prof. Frederico Amado

Ementa: Crime ambiental. Empresa extinta. Punibilidade.

TEXTO DO *CASE*: A empresa ALFA responde ação penal pelo cometimento de delito ambiental. No curso da ação penal, em razão de grave crise financeira, foi licitamente extinta. Nesta situação, a punibilidade deve ser pronunciada extinta pelo julgador? Justifique.

RESPOSTA

A extinção da empresa, **se lícita**, gera a extinção da punibilidade em função do princípio da intranscendência das penas, uma vez que a empresa deixa de existir. Logo, de maneira semelhante às pessoas físicas, cuja morte extingue a punibilidade, as pessoas jurídicas licitamente extintas também têm sua punibilidade extinta, conforme entendimento do STJ, através da sua 3ª Seção:

PROCESSO

REsp 1977172 / PR

RECURSO ESPECIAL

2021/0379224-3

RELATOR

Ministro RIBEIRO DANTAS (1181)

ÓRGÃO JULGADOR

S3 - TERCEIRA SEÇÃO

DATA DO JULGAMENTO

24/08/2022

DATA DA PUBLICAÇÃO/FONTE

DJe 20/09/2022

EMENTA

PENAL E PROCESSUAL PENAL. RECURSO ESPECIAL. CRIME DE POLUIÇÃO (ART. 54, § 2º, V, DA LEI 9.605/1998). CONDUTA PRATICADA POR SOCIEDADE EMPRESÁRIA POSTERIORMENTE INCORPORADA POR OUTRA. EXTINÇÃO DA INCORPORADA. ART. 1.118 DO CC. PRETENSÃO DE RESPONSABILIZAÇÃO PENAL DA INCORPORADORA. DESCABIMENTO. PRINCÍPIO DA INTRANSCENDÊNCIA DA PENA. APLICAÇÃO ANALÓGICA DO ART. 107, I, DO CP. EXTINÇÃO DA PUNIBILIDADE MANTIDA. RECURSO ESPECIAL DESPROVIDO. 1. A conduta descrita na denúncia foi supostamente praticada pela sociedade empresária AGRÍCOLA JANDELLE S.A., posteriormente incorporada por SEARA ALIMENTOS LTDA. 2. A incorporação gera a extinção da sociedade incorporada, transmitindo-se à incorporadora os direitos e obrigações que cabiam à primeira. Inteligência dos arts. 1.116 e 1.118 do CC, bem como do art. 227 da Lei 6.404/1976. 3. A pretensão punitiva estatal não se enquadra no conceito jurídico-dogmático de obrigação patrimonial transmissível, tampouco se confunde com o direito à reparação civil dos danos causados ao meio ambiente. Logo, não há norma que autorize a transferência da responsabilidade penal à incorporadora. 4. **O princípio da intranscendência da pena, previsto no art. 5º, XLV, da CR/1988, tem aplicação às pessoas jurídicas. Afinal, se o direito penal brasileiro optou por permitir a responsabilização criminal dos entes coletivos, mesmo com suas peculiaridades decorrentes da ausência de um corpo biológico, não pode negar-lhes a aplicação de garantias fundamentais utilizando-se dessas mesmas peculiaridades como argumento. 5. Extinta legalmente a pessoa jurídica ré - sem nenhum indício de fraude, como expressamente afirmou o acórdão recorrido –, aplica-se analogicamente o art. 107, I, do CP, com a consequente extinção de sua punibilidade.** 6. Este julgamento tratou de situação em que a ação penal foi extinta pouco após o recebimento da denúncia, muito antes da prolação da sentença. Ocorrendo fraude na incorporação (ou, mesmo sem fraude, a realização da incorporação como forma de escapar ao cumprimento de uma pena aplicada em sentença definitiva), haverá evidente distinção em face do precedente ora firmado, com a aplicação de consequência jurídica diversa. É possível pensar, em tais casos, na desconsideração ou ineficácia da incorporação em face do Poder Público, a fim de garantir o cumprimento da pena. 7. Diversamente, a responsabilidade civil pelos danos causados ao meio ambiente ou a terceiros, bem como os efeitos extrapenais de uma sentença condenatória eventualmente já proferida quando realizada a incorporação, são transmissíveis à incorporadora. 8. Recurso especial desprovido.

CASE 25 – Elaborado pelo Prof. Frederico Amado

Ementa: Crime ambiental. Competência pelo julgamento.

TEXTO DO *CASE*: De quem é a competência para julgar os crimes ambientais e contra a vida decorrentes do rompimento da barragem em Brumadinho/MG? Justifique.

RESPOSTA

A competência para julgamento de crimes ambientais é, em regra, da Justiça Estadual. Até 1998 havia o entendimento de que a competência era da Justiça Federal. No entanto, com o veto ao dispositivo da Lei de Crimes Ambientais, que fixava a competência da Justiça Federal para julgamento de crimes contra o meio ambiente, o STF e o STJ revisaram o entendimento.

Assim, apenas situações excepcionais são julgadas pela Justiça Federal, a exemplo dos crimes praticados contra bens, serviços ou interesses da União, autarquias ou empresas públicas federais. É também o caso dos crimes praticados a bordo de navio ou aeronave, ou aqueles tipificados em acordo internacional.

Saliente-se que há uma certa dose de subjetivismo no que tange à definição dos serviços e interesses da União, autarquias e empresas públicas federais, sendo necessário o estudo da jurisprudência nesse particular. O caso do rompimento da barragem de Brumadinho/MG foi um *case* emblemático, pois houve deslocamento da competência para a Justiça Federal por envolver interesse da Agência Nacional de Mineração, órgão que exerce o poder de polícia na área minerária, promovendo o licenciamento da atividade de extração e processamento de minérios. Outrossim, o desastre atingiu também diversas cavernas da região, o que implica em destruição do patrimônio espeleológico, pertencente à União. Vejamos acórdão do STJ:

> A Justiça Federal é competente para processar e julgar os crimes ambientais e contra a vida decorrentes do rompimento da barragem em Brumadinho/MG. No caso, há ofensa a bem e interesse direto e específico de órgão regulador federal e da União: as Declarações de Estabilidade da Barragem, apresentadas ao antigo DNPM (autarquia federal), seriam ideologicamente

> falsas; os acusados teriam omitido informações essenciais à fiscalização da segurança da barragem, ao não fazê-las constar do SIGBM, sistema de dados acessado pela Agência Nacional de Mineração - ANM; e danos a sítios arqueológicos, bem da União (art. 20, X, da CF), dados como atingidos pelo rompimento da barragem. STJ, RHC 151.405-MG, Rel. Min. Olindo Menezes (Desembargador convocado do TRF 1ª Região), Sexta Turma, por unanimidade, julgado em 19/10/2021.

Logo, os crimes ambientais e contra a vida ocorridos no âmbito do desastre de Brumadinho são julgados pela Justiça Federal.

CASE 26 – Elaborado pelo Prof. Frederico Amado

Ementa: Dano ambiental. ACP. Legitimidade passiva *ad causam*.

TEXTO DO *CASE*: É constitucional decisão judicial que autorize o abate de animal apreendido em situação de mau trato?

RESPOSTA

O crime de maus tratos a animais está previsto no artigo 32 da Lei de Crimes Ambientais, *in verbis:*

> Art. 32. Praticar ato de abuso, maus-tratos, ferir ou mutilar animais silvestres, domésticos ou domesticados, nativos ou exóticos: (Vide ADPF 640)
>
> Pena - detenção, de três meses a um ano, e multa.
>
> § 1º Incorre nas mesmas penas quem realiza experiência dolorosa ou cruel em animal vivo, ainda que para fins didáticos ou científicos, quando existirem recursos alternativos. (Vide ADPF 640)
>
> § 1º-A Quando se tratar de cão ou gato, a pena para as condutas descritas no caput deste artigo será de reclusão, de 2 (dois) a 5 (cinco) anos, multa e proibição da guarda. (Incluído pela Lei nº 14.064, de 2020)
>
> § 2º A pena é aumentada de um sexto a um terço, se ocorre morte do animal. (Vide ADPF 640)

Em geral, o resgate de animais vítimas de maus tratos implica na necessidade de encontrar um local para manter o animal.

Diante das dificuldades logísticas que envolvem o depósito acondicionamento e transporte de animais, vários juízes passaram a autorizar o abate dos animais resgatados, o que fere a própria *mens legis* da Lei de Crimes Ambientais.

Isso ensejou a propositura da ADPF/MC 640, de 20.09.2021, na **qual o STF declarou a ilegitimidade da interpretação do art. 25, §§ 1º e 2º, da Lei 9.605/1998, bem como dos artigos 101, 102 e 103 do Decreto 6.514/2008 e demais normas infraconstitucionais, que autorizem o abate de animais apreendidos em situação de maus-tratos, em razão da existência de decisões judiciais autorizando o abate de animais apreendidos em situação de maus-tratos.**

Em suma, com a decisão em comento, ratificou-se a literalidade do artigo 25, §§ 1º e 2º, da Lei de Crimes Ambientais, sendo proibido o abate dos animais resgatados.

CASE 27 – Elaborado pelo Prof. Frederico Amado

Ementa: Crime ambiental. Princípio da insignificância.

TEXTO DO *CASE*: Paulo foi flagrado pescando com petrecho não permitido, com 2 quilos de pescado. Nesta situação, à luz do STF, é possível o trancamento do processo com a aplicação do Princípio da Bagatela? O tema é pacífico? Justifique.

RESPOSTA

Em regra, não se aplica o princípio da bagatela aos crimes ambientais, uma vez que a degradação do meio ambiente afeta toda a coletividade, sendo temerário reputar qualquer lesão ao meio ambiente como insignificante. No entanto, a jurisprudência vem admitindo a aplicação do princípio de insignificância em alguns crimes específicos, como é o caso de pesca durante o período em que há a proibição dessa atividade:

> Art. 34. Pescar em período no qual a pesca seja proibida ou em lugares interditados por órgão competente:
>
> Pena – detenção de um ano a três anos ou multa, ou ambas as penas cumulativamente.
>
> Parágrafo único. Incorre nas mesmas penas quem:
>
> I – pesca espécies que devam ser preservadas ou espécimes com tamanhos inferiores aos permitidos;
>
> II – pesca quantidades superiores às permitidas, ou mediante a utilização de aparelhos, petrechos, técnicas e métodos não permitidos;
>
> III – transporta, comercializa, beneficia ou industrializa espécimes provenientes da coleta, apanha e pesca proibidas.

Trata-se de um tipo penal em branco, pois depende de portarias regulamentares para a sua concretização. As portarias são editadas pelos órgãos ambientais, e disciplinam a proibição da atividade pesqueira, delimitando o local, as espécies, quantidades e os petrechos de pesca proibidos.

No *case* em questão, Paulo foi flagrado com 2 quilos de pescado e pescando com petrecho proibido. A situação delineada é controvertida no STF, pois há julgados entendendo pela configuração do crime de bagatela, e outros definindo que não é possível o reconhecimento de crime de bagatela na seara ambiental. Vejamos:

"*Habeas corpus* preventivo. Crime contra o meio ambiente. Pesca mediante a utilização de aparelhos, petrechos, técnicas e métodos não permitidos (artigo 34, par. único, II, da Lei 9.605/1998). Pesca de, aproximadamente, 2 quilogramas de peixes. Possibilidade de aplicação, na espécie, do princípio da insignificância. Pequena quantidade de pescado apreendida. Suposto crime que consistiu na utilização de uma rede superior em apenas 50 centímetros ao limite estabelecido na legislação específica. Inexistência de dano efetivo ao meio ambiente. Parecer do MPF pela concessão da ordem. **Ordem concedida, para trancar a ação penal movida contra os pacientes, por suposta infração ao artigo 34, par. único, II, da Lei 9.605/1998.**

1. O princípio da insignificância, que está diretamente ligado aos postulados da fragmentariedade e intervenção mínima do Estado em matéria penal, tem sido acolhido pelo magistério doutrinário e jurisprudencial tanto desta Corte, quanto do colendo Supremo Tribunal Federal, como causa supralegal de tipicidade. Vale dizer, uma conduta que se subsuma perfeitamente ao modelo abstrato previsto na legislação penal pode vir a ser considerada atípica por força deste postulado.

2. Entretanto, é imprescindível que a aplicação do referido princípio se dê de forma prudente e criteriosa, razão pela qual é necessária a presença de certos elementos, tais como (I) a mínima ofensividade da conduta do agente; (II) a ausência total de periculosidade social da ação; (III) o ínfimo grau de reprovabilidade do comportamento e (IV) a inexpressividade da lesão jurídica ocasionada, consoante já assentado pelo colendo Pretório Excelso (HC 84.412/SP, Rel. Min. Celso de Mello, *DJU* 19.04.2004).

3. Para incidir a norma penal incriminadora, é indispensável que a pesca com equipamentos proibidos possa, efetivamente, causar risco às espécies ou ao ecossistema; nada disso, todavia, se verifica no caso concreto, em que dois pescadores, utilizando-se de somente uma rede – rede esta considerada ilegal porque superior em 50 centímetros ao limite legalmente estabelecido, como registrado no aresto –, tinham

> retirado da represa apenas 2 quilogramas de peixes, de espécie diversas.
>
> 4. Evidente a atipicidade material da conduta, pela desnecessidade de movimentar a máquina estatal, com todas as implicações conhecidas, para apurar conduta desimportante para o Direito Penal, por não representar ofensa a qualquer bem jurídico tutelado pela Lei Ambiental.
>
> 5. Parecer do MPF pela concessão da ordem.
>
> 6. Ordem concedida para trancar a Ação Penal movida contra os pacientes, por suposta infração ao artigo 34, par. único, II, da Lei 9.605/1998" (STJ, HC 112.840, de 23.03.2010).

No entanto, o tema hoje é controvertido no STF, pois a 1ª Turma negou a aplicação do Princípio da Insignificância ao delito do artigo 34 da Lei 9.605/98, ao argumento de que "a natureza do bem protegido — o meio ambiente — afasta a construção jurisprudencial do crime de bagatela".

> Informativo STF 901 -Princípio da insignificância e pesca no período de defeso
>
> O princípio da bagatela não se aplica ao crime previsto no art. 34, "caput" c/c parágrafo único, II, da Lei 9.605/1998.
>
> Com base nesse entendimento, a Primeira Turma denegou a ordem de "habeas corpus" em que se pleiteava a aplicação do princípio da insignificância à realização de pesca em período de defeso com o uso de método não permitido, ante a alegada irrelevância do dano ambiental causado pela pesca de sete quilos de camarão. A Turma afirmou que as circunstâncias da prática delituosa não afastam a configuração do tipo penal. Tais circunstâncias devem repercutir na fixação da pena. Ademais, a natureza do bem protegido — o meio ambiente — afasta a construção jurisprudencial do crime de bagatela. HC 122560/SC, rel. Min. Marco Aurélio, julgamento em 8.5.2018. (HC-122560).

CASE 28 – Elaborado pelo Prof. Frederico Amado

Ementa: Crime ambiental. Prova pericial. Crimes contra a flora.

TEXTO DO *CASE*: É necessária prova pericial para a aferição de tipicidade de conduta nos delitos dos artigos 38 e 38-A da Lei 9.605/98? Justifique.

RESPOSTA

O crime do art. 38 da Lei de Crimes ambientais visa a preservação das áreas de preservação permanente, enquanto o artigo 38-a protege a vegetação de mata atlântica, seja ela primária, aquela que nunca foi tocada pela ação humana, ou secundária, que é fruto da regeneração natural. Os tipos penais consistem em destruir ou danificar floresta ou vegetação. Vejamos a previsão legal:

> Art. 38. Destruir ou danificar floresta considerada de preservação permanente, mesmo que em formação, ou utilizá-la com infringência das normas de proteção:
>
> Pena - detenção, de um a três anos, ou multa, ou ambas as penas cumulativamente.
>
> Parágrafo único. Se o crime for culposo, a pena será reduzida à metade.
>
> Art. 38-A. Destruir ou danificar vegetação primária ou secundária, em estágio avançado ou médio de regeneração, do Bioma Mata Atlântica, ou utilizá-la com infringência das normas de proteção: (Incluído pela Lei nº 11.428, de 2006).
>
> Pena - detenção, de 1 (um) a 3 (três) anos, ou multa, ou ambas as penas cumulativamente. (Incluído pela Lei nº 11.428, de 2006).
>
> Parágrafo único. Se o crime for culposo, a pena será reduzida à metade. (Incluído pela Lei nº 11.428, de 2006).

Em relação ao artigo 38-A, cumpre ressaltar que a lei resguarda apenas a Mata Atlântica em estágio médio ou avançado de regeneração. A destruição em estágio inicial não foi abarcada pela norma, não sendo objeto de tutela penal.

O questionamento do *case* é quanto à necessidade de realização de perícia técnica na área degradada para fins de subsunção à norma penal. **O entendimento do**

STJ é no sentido de que é imprescindível a realização de perícia, posto que não é qualquer supressão/destruição que caracteriza o crime ambiental em testilha. Vejamos:

> PROCESSO
> AgRg no AREsp 2026669 / ES
> AGRAVO REGIMENTAL NO AGRAVO EM RECURSO ESPECIAL
> 2021/0389029-2
> RELATOR
> Ministro REYNALDO SOARES DA FONSECA (1170)
> ÓRGÃO JULGADOR
> T5 - QUINTA TURMA
> DATA DO JULGAMENTO
> 19/04/2022
> DATA DA PUBLICAÇÃO/FONTE
> DJe 25/04/2022
> EMENTA
> PROCESSO PENAL. AGRAVO REGIMENTAL NO AGRAVO EM RECURSO ESPECIAL. CRIME AMBIENTAL. ARTIGO 38-A DA LEI 9.605/98. ABSOLVIÇÃO. MATERIALIDADE COMPROVADA. LAUDO PERICIAL. AGRAVO REGIMENTAL NÃO PROVIDO.
>
> 1. É assente na jurisprudência do Superior Tribunal de Justiça, que, para a tipificação dos delitos previstos nos arts. 38 e 38-A da Lei ambiental é necessário que a conduta tenha sido praticada contra vegetação de floresta de preservação permanente (art. 38) e vegetação primária ou secundária, situada no Bioma Mata Atlântica (art. 38-A) [...] O tema é complexo, não facilmente identificável por leigos, sendo imprescindível a realização de perícia na medida em que não é qualquer supressão/destruição que caracteriza o ilícito do art. 38 da Lei Ambiental (AgRg no AREsp n. 1.571.857/PR, Quinta Turma, de minha relatoria, DJe de 22/10/2019).

> 2. *In casu*, as instâncias de origem condenaram o recorrente pela existência de provas concretas acerca da destruição de vegetação nativa da Mata Atlântica, em estágio médio de regeneração, sem autorização do órgão ambiental competente, inclusive por meio de laudo pericial, tudo nos termos do art. 38-A da Lei n. 9.605/1998.
>
> Assim, rever os fundamentos utilizados pela Corte de origem, para decidir pela absolvição do acusado, tendo em vista a ausência de prova acerca da ocorrência do crime, como requer a parte agravante, importa revolvimento de matéria fático-probatória, vedado em recurso especial, segundo óbice da Súmula 7/STJ.
> 3. Agravo regimental não provido.

Entendemos que esse posicionamento merece críticas, porquanto o desmatamento, em certos casos, é caracterizado de maneira clara e manifesta. No entanto, a posição do STJ entende pela imprescindibilidade da prova pericial, para verificar, por exemplo, se a área degradada se situa em área de preservação permanente, se configura mata atlântica em estado primário ou secundário, avançado ou médio.

CASE 29 – Elaborado pelo Prof. Frederico Amado

Ementa: Crime ambiental. Transporte irregular de madeira.

TEXTO DO *CASE*: O crime de que trata o artigo 46 da Lei 9.605/98 será de competência de qual órgão judicial na situação da competência do IBAMA para emitir autorização de transporte de madeira? Justifique.

RESPOSTA

O crime do artigo 46 consiste no recebimento ou aquisição de madeira e derivados sem a correspondente licença ambiental, que é o DOF – Documento de Origem Florestal. Vejamos sua literalidade:

> Art. 46. Receber ou adquirir, para fins comerciais ou industriais, madeira, lenha, carvão e outros produtos de origem vegetal, sem exigir a exibição de licença do vendedor, outorgada pela autoridade competente, e sem munir-se da via que deverá acompanhar o produto até final beneficiamento:
>
> Pena - detenção, de seis meses a um ano, e multa.
>
> Parágrafo único. Incorre nas mesmas penas quem vende, expõe à venda, tem em depósito, transporta ou guarda madeira, lenha, carvão e outros produtos de origem vegetal, sem licença válida para todo o tempo da viagem ou do armazenamento, outorgada pela autoridade competente.

O *case* indaga o candidato acerca da competência jurisdicional para processar e julgar o crime, uma vez que a competência administrativa para o licenciamento pertencia ao IBAMA, o que, pelo menos em tese, revelaria o interesse da União, apto a deslocar a competência jurisdicional para a Justiça Federal. No entanto, o STF vem entendendo que o interesse da União no caso vertente se manifesta de maneira genérica ou indireta, devendo o processo ser julgado na Justiça Estadual. Vejamos:

> "Competência. Crime ambiental. Artigo 46, parágrafo único, da Lei 9.605/1998. Transporte de madeira sem autorização do IBAMA, autarquia federal. Justiça comum estadual. Hipótese em que não se configura a competência da Justiça Federal para o processo e julgamento do feito, nos termos do artigo 109, inciso IV, da Carta Magna, porque o interesse da União, no caso, se manifesta de forma genérica ou indireta. Precedentes:

> RE 300.244, Relator Ministro Moreira Alves (Primeira Turma) e HC 81.916, Relator Ministro Gilmar Mendes (Segunda Turma). Recurso extraordinário não conhecido" (HC 349.186, de 22.10.2002).
>
> "*Recurso extraordinário - Matéria legal.* O recurso extraordinário não é meio próprio a alcançar-se exame de controvérsia equacionada sob o ângulo estritamente legal. *Competência - Crime ambiental - Lei nº 9.605/98 - Justiça comum - Precedentes.* No entendimento de ambas as Turmas deste Tribunal, a competência para julgar o crime ambiental previsto no artigo 46, parágrafo único, da Lei nº 9.605/98 é da Justiça comum, porquanto o interesse da União seria apenas genérico ou indireto. Precedentes: *Habeas Corpus* nº 81.916-8 e Recurso Extraordinário nº 349.191-1" (RE 598.524 AgR, de 21.06.2011).

O posicionamento do STF merece críticas, à medida de ignora o interesse do IBAMA na questão, uma vez que o licenciamento do transporte de madeira é de competência daquela autarquia federal.

CASE 30 – Elaborado pelo Prof. Frederico Amado

Ementa: Crime ambiental. Art. 48 da Lei de Crimes Ambientais. Prescrição.

TEXTO DO *CASE*: Marcelo foi denunciado em 2023 pela prática de crimes ambientais, dentre eles por ter em 1º de janeiro de 2010 impedido a regeneração natural de floresta ilegalmente suprimida com construção na área que ainda permanece. No que que tange à prescrição do delito do artigo 48 da Lei 9.605/98, o *jus puniendi* está prescrito? Justifique

RESPOSTA

O *case* em questão trata do artigo 48 da Lei de Crimes Ambientais, *in verbis:*

> Art. 48. Impedir ou dificultar a regeneração natural de florestas e demais formas de vegetação:
>
> Pena – detenção, de seis meses a um ano, e multa.

O *case* inquere o candidato acerca da ocorrência da prescrição quanto ao crime mencionado acima. Para responder o *case*, é necessário apurar a classificação do crime em questão.

O crime permanente é aquele cuja consumação se protrai no tempo. O crime instantâneo, por outro lado, se consuma no mesmo instante, de imediato, sem produzir efeitos permanentes.

Voltando ao *case*, o crime praticado por Marcelo é impedir a regeneração natural da floresta, mantendo naquela localidade uma edificação. Dessa maneira, Marcelo está incurso no artigo 48 da Lei de Crimes Ambientais, realizando um **crime permanente**, pois sua execução se protrai no tempo, visto que a construção impede a regeneração natural da floresta. Esse é o entendimento do STF:

> "Processual penal. Crime contra o meio ambiente. Impedir ou dificultar a regeneração natural da vegetação (art. 48 da Lei nº 9.605/98). Pedido de trancamento da ação penal. Alegações de inépcia da denúncia, atipicidade do fato e falta de justa causa. Não ocorrência. Ordem denegada. 1. É firme a jurisprudência consagrada por esta Corte no sentido de que a concessão de *habeas corpus* com a finalidade de trancamento de ação penal em curso só é possível em situações excepcionais, quando estiverem comprovadas, de plano, a atipicidade da conduta, causa extintiva da punibilidade ou ausência de indícios de autoria, o que não se vislumbra neste *writ*. Precedentes. 2. A denúncia, embora

> não expondo data precisa em que se teria consumado a infração ambiental, que é de cunho permanente, foi capaz de situá-la em período certo e determinado, com a possibilidade de estabelecer-se, para fins de aferição de alegada causa extintiva da punibilidade do agente, como último marco consumativo, data em que pericialmente atestada a permanência da infração. Prescrição não verificada. 3. Preenchidos os requisitos do art. 41 do Código de Processo Penal, a análise das demais questões postas na impetração, para seu correto equacionamento, demanda regular dilação probatória, escapando, portanto, da possibilidade de análise mais aprofundada dos fatos, máxime quando se considera o viés estreito do writ constitucional. Constrangimento ilegal inexistente. 4. Ordem denegada" (STF, HC 107.412, 1.ª Turma, de 08.05.2012).

O STJ tem um posicionamento semelhante ao do STF, entendendo que se trata de crime permanente:

> "*Habeas corpus*. Trancamento da ação penal. Artigo 48 da Lei 9.605/1998. Crime contra o meio ambiente. Atipicidade. Inexistência. Crime permanente. Súmula 711. Prescrição da pretensão punitiva. Inocorrência. Ordem denegada.
>
> 1. Ainda que a vegetação tenha sido retirada quando a área não era considerada de preservação ambiental e antes da vigência da Lei do Meio Ambiente, a conduta do Paciente é típica, uma vez que os seus atos no sentido de impedir a regeneração natural da flora estenderam-se no tempo, constantemente violando o bem jurídico tutelado. Inteligência da Súmula 711 do Supremo Tribunal Federal.
>
> 2. Houve claramente a prorrogação do momento consumativo, porquanto o Paciente poderia fazer cessar a atividade delituosa a qualquer momento, bastava retirar a cerca que anexa seu terreno à área pública de preservação invadida quando foi notificado para tanto, e assim não o fez. A conduta narrada, portanto, amolda-se à definição de crime permanente em face

da natureza duradoura da consumação, conforme compreendido pela Corte *a quo*.

3. Em se tratando de crime permanente, o termo inicial do prazo prescricional se dá conforme a vontade do sujeito ativo do delito, que pode fazer cessar a consumação do delito ou não. No caso, reconheceu o acórdão que o paciente impede a regeneração natural da mata onde foram construídos um campo de futebol e uma quadra de vôlei de areia que, certamente, demandam constante manutenção. Dessa forma, não se verifica, no caso, a prescrição da pretensão punitiva estatal.

4. Precedentes desta Corte e do Supremo Tribunal Federal.

5. *Habeas corpus* denegado" (STJ, HC 116.088, de 16.09.2010).

Logo, por se tratar de crime permanente, sua execução se mantém enquanto não houver a demolição da edificação que está impedindo a regeneração florestal. Por conseguinte, **o prazo prescricional sequer começou a correr**.

CASE 31 – Elaborado pelo Prof. Frederico Amado

Ementa: Crime ambiental. Poluição. Classificação.

TEXTO DO *CASE*: Certamente o delito do artigo 54 da Lei 9.605/98 é o mais relevante, por proteger o meio ambiente contra diversas formas de poluição:

Art. 54. Causar poluição de qualquer natureza em níveis tais que resultem ou possam resultar em danos à saúde humana, ou que provoquem a mortandade de animais ou a destruição significativa da flora:

Pena - reclusão, de um a quatro anos, e multa.

§ 1º Se o crime é culposo:

Pena - detenção, de seis meses a um ano, e multa.

§ 2º Se o crime:

I – tornar uma área, urbana ou rural, imprópria para a ocupação humana;

II – causar poluição atmosférica que provoque a retirada, ainda que momentânea, dos habitantes das áreas afetadas, ou que cause danos diretos à saúde da população;

III – causar poluição hídrica que torne necessária a interrupção do abastecimento público de água de uma comunidade;

IV – dificultar ou impedir o uso público das praias;

V – ocorrer por lançamento de resíduos sólidos, líquidos ou gasosos, ou detritos, óleos ou substâncias oleosas, em desacordo com as exigências estabelecidas em leis ou regulamentos:

Pena – reclusão, de um a cinco anos.

§ 3º Incorre nas mesmas penas previstas no parágrafo anterior quem deixar de adotar, quando assim o exigir a autoridade competente, medidas de precaução em caso de risco de dano ambiental grave ou irreversível.

Sobre este delito, responda de modo fundamentado:

A) É formal ou material na parte de danos à saúde humana?

B) A demonstração de tipicidade exige prova pericial na parte de danos à saúde humana?

C) O tipo omissivo é de natureza permanente?

RESPOSTA

O *case* trata do crime de poluição, que é aquele previsto no artigo 54 da Lei de Crimes Ambientais, que é crime mais relevante daquela Lei, ao passo que protege o meio ambiente das mais diversas formas de poluição. Vejamos sua previsão legal:

> Art. 54. Causar poluição de qualquer natureza em níveis tais que resultem ou possam resultar em danos à saúde humana, ou que provoquem a mortandade de animais ou a destruição significativa da flora:
>
> Pena – reclusão, de um a quatro anos, e multa.
>
> § 1º Se o crime é culposo:
>
> Pena - detenção, de seis meses a um ano, e multa.
>
> § 2º Se o crime:
>
> I – tornar uma área, urbana ou rural, imprópria para a ocupação humana;
>
> II – causar poluição atmosférica que provoque a retirada, ainda que momentânea, dos habitantes das áreas afetadas, ou que cause danos diretos à saúde da população;
>
> III – causar poluição hídrica que torne necessária a interrupção do abastecimento público de água de uma comunidade;
>
> IV – dificultar ou impedir o uso público das praias;
>
> V – ocorrer por lançamento de resíduos sólidos, líquidos ou gasosos, ou detritos, óleos ou substâncias oleosas, em desacordo com as exigências estabelecidas em leis ou regulamentos:
>
> Pena – reclusão, de um a cinco anos.
>
> § 3º Incorre nas mesmas penas previstas no parágrafo anterior quem deixar de adotar, quando assim o exigir a autoridade competente, medidas de precaução em caso de risco de dano ambiental grave ou irreversível.

O crime de poluição é bem abrangente, pois abarca a contaminação nos mais diversos meios, como no ar, das águas ou do solo, desde que resultem ou possa resultar em danos à saúde humana, ou que provoquem a mortandade de animais ou a destruição significativa da flora.

É um crime de ação múltipla, também conhecido como plurinuclear, visto que a Lei penal prevê várias condutas no mesmo artigo.

Quando o crime de poluição é praticado prejudicando a saúde humana, ele é considerado um crime de dano. No entanto, quando não há efetivo prejuízo à saúde humana, ele é considerado um crime de perigo. Ou seja, não é necessário o efetivo prejuízo à saúde humana, mas a mera potencialidade de causar tal prejuízo.

Os demais núcleos desse tipo penal também configuram crimes de dano, pois se concretizam apenas quando há efetivo prejuízo, seja ele a mortandade de animais (logo, pelo menos dois animais) ou a destruição significativa da flora.

O crime em questão tem modalidade culposa, com pena de seis meses a um ano e multa, e uma modalidade qualificada, com pena de 1 a 5 anos.

Saliente-se ainda que, além dos tipos comissivos, há a previsão de um tipo penal omissivo, abarcando quem deixa de adotar precauções em caso de risco de dano ambiental grave ou irreversível.

Assim, em resposta ao *case*, o crime formal é aquele que não exige o resultado naturalístico, enquanto o crime formal não exige a produção do resultado naturalístico para a consumação do crime, ainda que possível que ele ocorra. Assim, o crime de poluição é um crime formal, pois não se exige efetivo dano à saúde humana para sua consumação.

"Agravo regimental em recurso especial. Penal. Crime ambiental. Princípios do desenvolvimento sustentável e da prevenção. Poluição mediante lançamento de dejetos provenientes de suinocultura diretamente no solo em desconformidade com leis ambientais. Art. 54, § 2º, V, da Lei n. 9.605/1998. Crime formal. Potencialidade lesiva de causar danos à saúde humana evidenciada. Crime configurado. Agravo regimental provido. Recurso especial improvido.

I. Os princípios do desenvolvimento sustentável e da prevenção, previstos no art. 225, da Constituição da República, devem orientar a interpretação das leis, tanto no direito ambiental, no que tange à matéria administrativa, quanto no direito penal, porquanto o meio ambiente é um patrimônio para essa geração e para as futuras, bem como direito fundamental, ensejando a adoção de condutas cautelosas, que evitem ao máximo possível o risco de dano, ainda que potencial, ao meio ambiente.

II. A Lei n. 9.605/1998, ao dispor sobre as sanções penais e administrativas derivadas de condutas e atividades lesivas ao meio ambiente e dar outras providências, constitui um divisor de águas em matéria de repressão a ilícitos ambientais. Isto porque ela trouxe um outro viés, um outro padrão de punibilidade em matéria de crimes ambientais, trazendo a figura do crime de perigo.

III. O delito previsto na primeira parte do art. 54, da Lei n. 9.605/1998, possui natureza formal, porquanto o risco, a potencialidade de dano à saúde humana, é suficiente para configurar a conduta delitiva, não se exigindo, portanto, resultado naturalístico. Precedente.

IV. A Lei de Crimes Ambientais deve ser interpretada à luz dos princípios do desenvolvimento sustentável e da prevenção, indicando o acerto da análise que a doutrina e a jurisprudência têm conferido à parte inicial do artigo 54, da Lei n. 9.605/1998, de que a mera possibilidade de causar dano à saúde humana é idônea a

> configurar o crime de poluição, evidenciada sua natureza formal ou, ainda, de perigo abstrato.
>
> V. Configurado o crime de poluição, consistente no lançamento de dejetos provenientes da criação de cerca de dois mil suínos em sistema de confinamento em 3 (três) pocilgas verticais, despejados a céu aberto, correndo por uma vala que os levava até às margens do Rio do Peixe, situado em área de preservação permanente, sendo a atividade notoriamente de alto potencial poluidor, desenvolvida sem o devido licenciamento ambiental, evidenciando a potencialidade do risco à saúde humana.
>
> VI. Agravo regimental provido e recurso especial improvido, restabelecendo-se o acórdão recorrido" (STJ, AgRg no REsp 1.418.795, de 18.06.2014).

Existia controvérsia no STJ sobre a necessidade de perícia oficial para demonstrar a tipicidade da conduta deste delito. A 3ª Seção, no julgamento do EREsp 1.417.279-SC, Rel. Min. Joel Ilan Paciornik, por unanimidade, julgado em 11/04/2018, decidiu que o delito previsto na primeira parte do artigo 54 da Lei n. 9.605/1998 possui natureza formal, sendo suficiente a potencialidade de dano à saúde humana para configuração da conduta delitiva:

> "Cinge-se a controvérsia a saber se é necessária a realização de perícia técnica para a comprovação do dano efetivo à saúde humana no que tange à caracterização de crime ambiental consubstanciado em causar poluição de qualquer natureza. Quanto ao ponto, o acórdão embargado entendeu que "o delito previsto na primeira parte do art. 54 da Lei n. 9.605/1998 exige prova do risco de dano, sendo insuficiente para configurar a conduta delitiva a mera potencialidade de dano à saúde humana". Já para o acórdão paradigma, "o delito previsto na primeira parte do artigo 54, da Lei n. 9.605/1998, possui natureza formal, porquanto o risco, a potencialidade de dano à saúde humana, é

> suficiente para configurar a conduta delitiva, não se exigindo, portanto, resultado naturalístico e, consequentemente, a realização de perícia" (AgRg no REsp 1.418.795-SC, Rel. Ministro Marco Aurélio Bellize, Rel. para acórdão Regina Helena Costa, Quinta Turma, DJe 7/8/2014). Deve prevalecer o entendimento do acórdão paradigma e nos casos em que forem reconhecidas a autoria e a materialidade da conduta descrita no art. 54, § 2º, V, da Lei n. 9.605/1998, a potencialidade de dano à saúde humana é suficiente para configuração da conduta delitiva, haja vista a natureza formal do crime, não se exigindo, portanto, a realização de perícia" (Informativo STJ 624).

Outrossim, quanto ao último questionamento, sobre a natureza da modalidade omissiva do crime de poluição, cumpre ressaltar que o crime se protrai no tempo enquanto não cumprida a ordem da autoridade competente para adotar medidas para evitar dano ambiental grave ou irreversível. Logo, o crime tem natureza permanente. Nesse sentido, o STJ:

PROCESSO	AgRg no REsp 1.847.097-PA, Rel. Min. Joel Ilan Paciornik, Quinta Turma, por unanimidade, julgado em 05/03/2020, DJe 13/03/2020
RAMO DO DIREITO	DIREITO AMBIENTAL, DIREITO PENAL
TEMA	Poluição ambiental qualificada. Artigos 54 § 1º, I, II, III e IV e § 3º e 56, § 1º, I e II, c/c 58, I, da Lei n. 9.605/1998. Envio e armazenamento de resíduos tóxicos. Providências para reparação do dano causado. Não efetivação. Natureza permanente da conduta. Não cessação da atividade. Impossibilidade de aferição da prescrição.

CASE 32 – Elaborado pelo Prof. Frederico Amado

Ementa: Crime ambiental. Exploração de recursos minerais. Ausência de autorização ambiental. Tipificação.

TEXTO DO *CASE*: Sobre o seguinte delito ambiental, responda:

Art. 55. Executar pesquisa, lavra ou extração de recursos minerais sem a competente autorização, permissão, concessão ou licença, ou em desacordo com a obtida:

Pena - detenção, de seis meses a um ano, e multa.

Parágrafo único. Nas mesmas penas incorre quem deixa de recuperar a área pesquisada ou explorada, nos termos da autorização, permissão, licença, concessão ou determinação do órgão competente.

A) A ausência de autorização do Departamento Nacional de Produção Mineral (DNPM, atual ANM), para a atividade de exploração de areia e seixo, o tipifica?

B) Ele revogou o delito do artigo 2º, da Lei 8.176/1991?

RESPOSTA

A extração minerária é uma atividade lesiva ao meio ambiente. Por esta razão, está sujeita a duas espécies de licenciamento, que é o ambiental e o minerário, sendo esse último realizado pela Agência Nacional de Mineração, antigo Departamento Nacional de Produção Mineral. Outrossim, após a atividade de extração, faz-se necessário realizar a recuperação da área explorada. Saliente-se que essa recuperação tem previsão constitucional, no artigo 225: "2º Aquele que explorar recursos minerais fica obrigado a recuperar o meio ambiente degradado, de acordo com solução técnica exigida pelo órgão público competente, na forma da lei."

O crime do artigo 55 da Lei de Crimes Ambientais pune aquele que exerce atividade no ramo minerário sem a competente autorização, ou deixa de realizar a recuperação da área explorada. Dito isso, passamos à resposta do *case*:

A) A ausência de autorização do Departamento Nacional de Produção Mineral (DNPM, atual ANM, para a atividade de exploração de areia e seixo, o tipifica?

O STJ já se manifestou em um caso semelhante, no qual foi realizada a exploração mineral de areia e seixo sem o licenciamento necessário. Naquela assentada, o STJ entendeu que a ausência de autorização configura o crime do artigo 55 da Lei de Crimes Ambientais:

> 466 – INDENIZAÇÃO. ATIVIDADE ILÍCITA. LICENÇA. DNPM.
>
> A Turma, entre outras questões, entendeu que a ausência de autorização do Departamento Nacional de Produção Mineral (DNPM) para a atividade de exploração de areia e seixo não constitui apenas uma irregularidade administrativa passível de futura conformação, mas uma ilicitude (art. 55 da Lei 9.605/1998), sendo

proibida sua realização sem a devida permissão, concessão ou licença. A referida atividade realizada indevidamente acarreta sanções tanto administrativas como penais, logo não cabe indenização decorrente da desativação das atividades extrativas minerais dos recorridos em razão de construção de reservatório de usina hidrelétrica. Assim, a Turma deu provimento ao recurso. Precedentes citados: REsp 1.021.556-TO, *DJe* 05.11.2010, e REsp 1.021.568-TO, *DJe* 05.06.2008. REsp 1.188.683-TO, Rel. Min. Luís Felipe Salomão, j. 15.03.2011. REsp 930.781, de 18.08.2009

B) Ele revogou o delito do artigo 2º, da Lei 8.176/1991?

O *case* indaga acerca do crime descrito no artigo 2º da Lei de Crimes Tributários, *in verbis:*

> *Art. 2° Constitui crime contra o patrimônio, na modalidade de usurpação, produzir bens ou explorar matéria-prima pertencentes à União, sem autorização legal ou em desacordo com as obrigações impostas pelo título autorizativo.*
>
> *Pena: detenção, de um a cinco anos e multa.*

Note-se que este crime não revogou o do artigo 2º, da Lei 8.176/1991, normalmente havendo concurso ideal ou formal, pois este tutela a Ordem Econômica e o artigo 55, o meio ambiente, conforme jurisprudência prevalente:

> *"Penal. Recurso especial. Extração de areia sem autorização do órgão competente. Inexistência de conflito aparente de normas. Artigo 2º da Lei 8.176/1991 e artigo 55 da Lei 9.605/1998. Distinção de objetivos quanto à tutela jurídica. Inocorrência de retroatividade da Lei mais benigna.*

> "*Habeas corpus*. Penal. Processual penal. Extração de ouro. Interesse patrimonial da União. Art. 2º da Lei n. 8.176/1991. Crime contra o meio ambiente. Art. 55 da

Lei n. 9.605/1998. Bens jurídicos distintos. Concurso formal. Inexistência de conflito aparente de normas. Afastamento do princípio da especialidade. Incompetência do Juizado Especial Federal. 1. Como se trata, na espécie vertente, de concurso formal entre os delitos do art. 2º da Lei n. 8.176/1991 e do art. 55 da Lei n. 9.605/1998, que dispõem sobre bens jurídicos distintos (patrimônio da União e meio ambiente, respectivamente), não há falar em aplicação do princípio da especialidade para fixar a competência do Juizado Especial Federal. 2. Ordem denegada" (STF, HC 111.762, de 13.11.2012).

CASE 33 – Elaborado pelo Prof. Frederico Amado

Ementa: Crime ambiental. Exploração de recursos minerais. Art. 56 da Lei 9.605/98.

TEXTO DO *CASE*: De quem é a competência para julgar o delito do artigo 56 da Lei 9.605/98, na situação de absoluto descumprimento de diversas exigências da autarquia reguladora minerária (antigo DNPM)?

RESPOSTA

O *case* inquere acerca do crime previsto no artigo 56 da Lei de Crimes Ambientais, a saber:

> Art. 56. Produzir, processar, embalar, importar, exportar, comercializar, fornecer, transportar, armazenar, guardar, ter em depósito ou usar produto ou substância tóxica, perigosa ou nociva à saúde humana ou ao meio ambiente, em desacordo com as exigências estabelecidas em leis ou nos seus regulamentos:
>
> Pena - reclusão, de um a quatro anos, e multa.
>
> § 1º Nas mesmas penas incorre quem: (Redação dada pela Lei nº 12.305, de 2010)
>
> I – abandona os produtos ou substâncias referidos no caput ou os utiliza em desacordo com as normas ambientais ou de segurança; (Incluído pela Lei nº 12.305, de 2010)
>
> II – manipula, acondiciona, armazena, coleta, transporta, reutiliza, recicla ou dá destinação final a resíduos perigosos de forma diversa da estabelecida em lei ou regulamento. (Incluído pela Lei nº 12.305, de 2010)
>
> § 2º Se o produto ou a substância for nuclear ou radioativa, a pena é aumentada de um sexto a um terço.
>
> § 3º Se o crime é culposo:
>
> Pena – detenção, de seis meses a um ano, e multa.

Os crimes ambientais, em regra, são processados na Justiça Estadual. No entanto, havendo lesão a bem, serviço ou interesse da União, justificado nos termos do artigo 109 da Constituição, há o deslocamento da competência para a Justiça Federal.

No que tange à competência jurisdicional, de acordo com o E. STJ:

> "quanto ao crime tipificado no art. 56 da Lei n. 9.605/1998, há interesse direito e específico da autarquia federal (DNPM) na conduta tipificada, pois a peça

acusatória descreveu o absoluto descumprimento de diversas exigências da autarquia reguladora, atinentes à atividade de exploração mineral, inclusive a falta de apresentação do devido plano de fechamento da mina e da barragem, além de outras exigências previstas em normas do órgão federal, a fim de impedir a contaminação da água subterrânea por óleos, combustíveis e outros produtos tóxicos, evitar o lançamento de efluentes e corrigir a instabilidade de taludes de barragens de depósito de rejeitos" (CC 178198 / SC, de 12.05.2021), despertando a competência da Justiça Federal. (CONFLITO DE COMPETÊNCIA Nº 178198 – SC (2021/0076776-4)

CASE 34 – Elaborado pelo Prof. Frederico Amado

Ementa: Crime ambiental. Poluição. Artigo 60 da Lei 9.605/98.

TEXTO DO *CASE*: Para a tipicidade do delito do artigo 60 da Lei 9.605/98, exige-se a demonstração de que a poluição gerada deve ter a capacidade de, ao menos, poder causar danos à saúde humana? Justifique.

RESPOSTA

O *case* trata do crime previsto no artigo 60 da Lei de Crimes Ambientais. Vejamos:

> Art. 60. Construir, reformar, ampliar, instalar ou fazer funcionar, em qualquer parte do território nacional, estabelecimentos, obras ou serviços potencialmente poluidores, sem licença ou autorização dos órgãos ambientais competentes, ou contrariando as normas legais e regulamentares pertinentes:
>
> Pena - detenção, de um a seis meses, ou multa, ou ambas as penas cumulativamente.

Inicialmente, cumpre ressaltar que o licenciamento ambiental é um processo administrativo, que visa a emissão das licenças ambientais das atividades poluidoras. São três espécies de licença: a LP (Licença Prévia, quando aprova o projeto), a LI (Licença de Instalação, quando libera a implantação da atividade) e a LO (Licença de Operação, no momento do funcionamento da atividade).

A irregularidade que consiste na ausência da LP não é crime, pois a atividade não foi ainda implantada, não trazendo qualquer impacto direto ao meio ambiente. Por outro lado, quem exerce a atividade potencialmente poluidora sem a Licença de Instalação ou a Licença de Operação pratica o verbo do tipo previsto no artigo 60 da Lei de Crimes Ambientais.

Para o Superior Tribunal de Justiça, no julgamento do *habeas corpus* 147.541, de 16.12.2010, "para a caracterização do delito previsto no art. 60 da Lei 9.605/1998, a poluição gerada deve ter a capacidade de, ao menos, poder causar danos à saúde humana:

> CRIME AMBIENTAL. ART. 60 DA LEI N. 9.605/1998. INÉPCIA DA DENÚNCIA. FALTA DE JUSTA CAUSA PARA AÇÃO PENAL. ORDEM CONCEDIDA.

1. O trancamento de uma ação penal, no âmbito do *habeas corpus*, só é admissível excepcionalmente, quando evidente a ausência de indícios de autoria e de prova da materialidade delitiva, a atipicidade da conduta ou a extinção da punibilidade.

2. Quando falta à denúncia a descrição individualizada da conduta do acusado, com a exposição do fato criminoso e todas as suas circunstâncias, isto é, se não reúne a peça as exigências do art. 41 do Código de Processo Penal, é formalmente inepta.

3. Na espécie, a peça acusatória não relata, nem singelamente, o nexo de imputação correspondente, não esclarece de que forma o gerente de redes da empresa de telefonia celular teria contribuído para a consecução do delito - instalar e fazer funcionar as Estações de Rádio Base (ERB) potencialmente poluidoras -, tampouco aponta o eventual dolo na ausência de licença ou de autorização dos órgãos ambientais competentes.

4. **Além disso, para a caracterização do delito previsto no art. 60da Lei n. 9.605/1998, a poluição gerada deve ter a capacidade de, ao menos, poder causar danos à saúde humana. No caso, não se justifica a ação penal, pois o próprio Ministério Público estadual atestou que "os níveis de radiação praticados pelas investigadas estão regulamentados pela Anatel e que os possíveis efeitos biológicos em seres humanos ainda não são completamente conhecidos".**

5. Como somente se admite a responsabilização penal da pessoa jurídica em crimes ambientais nas hipóteses de imputação simultânea da pessoa física que atua em seu nome, responsável por sua gerência, *in casu*, concedida a ordem em relação ao gerente da TIM CELULARS. A., não há como manter o feito apenas em relação à empresa.

6. Ordem concedida a fim de trancar a ação penal.

Relator: Ministro CELSO LIMONGI (DESEMBARGADOR CONVOCADO DO TJ/SP), Data de Julgamento:

16/12/2010, T6 - SEXTA TURMA, Data de Publicação: DJe 14/02/2011)

PROCESSO
AgRg no REsp 1411354 / RS
AGRAVO REGIMENTAL NO RECURSO ESPECIAL
2013/0349228-6
RELATOR
Ministro MOURA RIBEIRO (1156)
ÓRGÃO JULGADOR
T5 - QUINTA TURMA
DATA DO JULGAMENTO
19/08/2014
DATA DA PUBLICAÇÃO/FONTE
DJe 26/08/2014
EMENTA
AGRAVO REGIMENTAL NO RECURSO ESPECIAL. CRIME AMBIENTAL. ART. 60, DA LEI Nº 9.605/1998. ATIVIDADE POTENCIALMENTE POLUIDORA. PRESUNÇÃO. IMPOSSIBILIDADE. DANO EFETIVO NÃO COMPROVADO. AGRAVO REGIMENTAL NÃO PROVIDO.

1. A configuração do delito previsto no art. 60, da Lei nº 9.605/98, exige o desenvolvimento de atividade potencialmente poluidora sem a correspondente licença ambiental. O fato de ser exigida a licença ambiental não pode gerar a presunção de que a atividade desenvolvida pelo acusado seja potencialmente poluidora.

2. Agravo regimental não provido.

Entendemos que esse posicionamento do STJ merece críticas, porquanto o tipo penal não prevê potencialidade de dano à saúde humana. A literalidade do artigo demonstra se tratar de um crime formal, que não exige a concretização do resultado naturalístico para a sua configuração.

CASE 35 – Elaborado pelo Prof. Frederico Amado

Ementa: Crime ambiental. Artigos 40 e 64 da Lei 9.605/98?

TEXTO DO *CASE*: O crime do artigo 40 pode ser absorvido pelo crime do artigo 64, ambos da Lei 9.605/98?

RESPOSTA

A pergunta do *case* é no sentido de identificar se há aplicação do princípio da consunção, ou seja, se há absorção entre os crimes do artigo 40 e 64 da Lei de Crimes Ambientais.

Em suma, há consunção quando o fato previsto em determinada norma é compreendido em outra, mais abrangente, o que conduz à aplicação penal apenas da norma mais abrangente. Assim, vejamos os dois tipos penais:

> *Art. 40. Causar dano direto ou indireto às Unidades de Conservação e às áreas de que trata o art. 27 do Decreto nº 99.274, de 6 de junho de 1990, independentemente de sua localização:*
>
> *Pena – reclusão, de um a cinco anos.*
>
> *Art. 64. Promover construção em solo não edificável, ou no seu entorno, assim considerado em razão de seu valor paisagístico, ecológico, artístico, turístico, histórico, cultural, religioso, arqueológico, etnográfico ou monumental, sem autorização da autoridade competente ou em desacordo com a concedida:*
>
> *Pena – detenção, de seis meses a um ano, e multa.*

O artigo 40 protege as unidades de conservação da natureza, enquanto o artigo 64 protege o patrimônio cultural.

Para responder o *case*, é possível imaginar uma situação prática na qual o sujeito constrói em solo não edificável situado dentro de uma área pertencente a unidade de conservação, causando-a dano.

O STJ já se manifestou em um caso semelhante, entendendo que o delito do art. 40 pode ser absorvido pelo do artigo 64:

> O delito de causar dano em unidade de conservação (art. 40 da Lei n. 9.605/1998) pode ser absorvido pelo delito de construir em solo que, por seu valor ecológico, não é edificável (art. 64 da Lei n. 9.605/1998). REsp 1.925.717-SC, Rel. Min. Ribeiro Dantas, Quinta Turma, por unanimidade, julgado em 25/05/2021, DJe 28/05/2021.

CASE 36 – Elaborado pelo Prof. Frederico Amado

Ementa: Crime ambiental. Artigo 68 da Lei 9.605/98.

TEXTO DO *CASE*: O particular pode consumar o delito do artigo 68 da Lei 9.605/98?

Art. 68. Deixar, aquele que tiver o dever legal ou contratual de fazê-lo, de cumprir obrigação de relevante interesse ambiental:

Pena – detenção, de um a três anos, e multa.

Parágrafo único. Se o crime é culposo, a pena é de três meses a um ano, sem prejuízo da multa.

RESPOSTA

O artigo 68 da Lei de Crimes Ambientais está situado na seção que trata dos crimes contra a administração pública ambiental. Trata-se de um tipo penal amplo, que pune qualquer um que tenha deixado de cumprir obrigação de relevante interesse ambiental quando estava obrigado a fazê-lo, por força da lei ou de contrato, havendo ainda a possibilidade de cometimento da conduta omissiva de maneira culposa, por imprudência, negligência ou imperícia.

Assim, o *case* visa responder a seguinte questão: considerando que o artigo 68 é um crime contra a administração pública ambiental, é possível a sua prática por particular?

O STJ entende que qualquer pessoa pode ser sujeito ativo do crime do artigo 68 da Lei de Crimes Ambientais.

É o exemplo da figura do engenheiro encarregado em um projeto de desmatamento de realizar o inventário das espécies. Ao assinar a Anotação de Responsabilidade Técnica – ART, ele fica vinculado ao projeto, devendo informar qualquer irregularidade ambiental e acompanhar a execução do projeto. Sua omissão configura o crime do artigo 68:

> "Recurso especial. Penal. Crime contra a administração ambiental. Art. 68 da Lei nº 9.605/98. Crime comum que pode ser praticado por qualquer pessoa incumbida do dever legal ou contratual de cumprir obrigação de relevante interesse ambiental. Denúncia que descreve, satisfatoriamente, as condutas, em tese, delituosas. Recurso provido.
>
> 1. O delito previsto no art. 68 da Lei dos Crimes Ambientais, isto é, '[d]eixar, aquele que tiver o dever legal ou contratual de fazê-lo, de cumprir obrigação de relevante interesse ambiental', está inserido no rol

dos crimes contra a administração pública ambiental, classificando-se como crime omissivo impróprio em que o agente deixa de praticar o ato, contrariando o dever de fazê-lo para evitar o resultado lesivo ao meio ambiente.

2. Com relação ao sujeito ativo, verifica-se que a melhor exegese conduz no sentido de que o crime pode ser praticado por qualquer pessoa incumbida desse dever legal ou contratual, não sendo exigido, como fizeram as instâncias ordinárias, tratar-se de funcionário público" (REsp 1.032.651, de 28.02.2012).

CASE 37 – Elaborado pelo Prof. Frederico Amado

Ementa: Crime ambiental. Artigo 15 da Lei 7.802/1989. Artigo 56 da Lei 9.605/98.

TEXTO DO *CASE*: O tipo do artigo 15 da Lei 7.802/1989 foi absorvido pelo crime do artigo 56 da Lei 9.605/98?

RESPOSTA

A questão visa responder acerca da aplicação do princípio da consunção ao crime previsto no artigo 15 da Lei de Agrotóxicos e ao artigo 56 da Lei de Crimes Ambientais. Inicialmente, vamos analisar os tipos penais:

> *Art. 56. Produzir, processar, embalar, importar, exportar, comercializar, fornecer, transportar, armazenar, guardar, ter em depósito ou usar produto ou substância tóxica, perigosa ou nociva à saúde humana ou ao meio ambiente, em desacordo com as exigências estabelecidas em leis ou nos seus regulamentos:*
>
> *Pena – reclusão, de um a quatro anos, e multa.*
>
> *§ 1o Nas mesmas penas incorre quem: (Redação dada pela Lei nº 12.305, de 2010)*
>
> *I – abandona os produtos ou substâncias referidos no caput ou os utiliza em desacordo com as normas ambientais ou de segurança; (Incluído pela Lei nº 12.305, de 2010)*
>
> *II – manipula, acondiciona, armazena, coleta, transporta, reutiliza, recicla ou dá destinação final a resíduos perigosos de forma diversa da estabelecida em lei ou regulamento. (Incluído pela Lei nº 12.305, de 2010)*

> *Art. 15. Aquele que produzir, comercializar, transportar, aplicar, prestar serviço, der destinação a resíduos e embalagens vazias de agrotóxicos, seus componentes e afins, em descumprimento às exigências estabelecidas na legislação pertinente estará sujeito à pena de reclusão, de dois a quatro anos, além de multa. (Redação dada pela Lei nº 9.974, de 2000)*

Saliente-se que o tipo do artigo 15 da Lei de Agrotóxicos foi alterado pela Lei 9.974/2000, posterior à Lei dos Crimes Ambientais. Assim, seria incongruente uma norma posterior ser absorvida por uma norma anterior.

Não há aplicação do princípio da consunção aos crimes em comento. Logo, eles coexistem, não havendo qualquer absorção. Este, inclusive, é o entendimento do STJ, pois fez enquadramento de conduta do agente criminoso ao tipo do artigo 15 da Lei 7.802/1989 no caso de transporte ilícito de agrotóxico:

> INFORMATIVO 568 – DIREITO PENAL. IMPORTAÇÃO E TRANSPORTE ILEGAIS DE AGROTÓXICO. A conduta consistente em transportar, no território nacional, em desacordo com as exigências estabelecidas na legislação pertinente, agrotóxicos importados por terceiro de forma clandestina não se adéqua ao tipo de importação ilegal de substância tóxica (art. 56 da Lei 9.605/1998) caso o agente não tenha ajustado ou posteriormente aderido à importação ilegal antes da entrada do produto no país, ainda que o autor saiba da procedência estrangeira e ilegal do produto, subsumindo-se ao tipo de transporte ilegal de agrotóxicos (art. 15 da Lei 7.802/1989). De fato, o art. 56 da Lei 9.605/1998 dispõe: "Produzir, processar, embalar, importar, exportar, comercializar, fornecer, transportar, armazenar, guardar, ter em depósito ou usar produto ou substância tóxica, perigosa ou nociva à saúde humana ou ao meio ambiente, em desacordo com as exigências estabelecidas em leis ou nos seus regulamentos: Pena – reclusão, de um a quatro anos, e multa". Por sua vez, o art. 15 da Lei 7.802/1989 (Lei dos Agrotóxicos) prescreve: "Aquele que produzir, comercializar, transportar, aplicar, prestar serviço, der destinação a resíduos e embalagens vazias de agrotóxicos, seus componentes e afins, em descumprimento as exigências estabelecidas na legislação pertinente estará sujeito à pena de reclusão, de dois a quatro anos, além de multa". Ocorre que, não havendo elementos no sentido de que o agente, tendo recebido os produtos dentro do Brasil, sabendo da procedência estrangeira, tenha previamente ajustado ou posteriormente aderido à importação ilegal antes da consumação do crime, que, sendo formal instantâneo, ocorre com a simples entrada do produto no país, não se pode falar em participação na importação de substância tóxica (art. 56 da Lei 9.605/1998),

mas tão somente em delito autônomo de transporte de agrotóxico (art. 15 da Lei 7.802/1989). Isso porque a participação na modalidade de coautoria sucessiva, em que o partícipe resolve aderir à conduta delituosa após o início da sua execução, exige, além do liame subjetivo comum a todo concurso de agentes, que a adesão do partícipe ocorra antes da consumação do delito, caso contrário restará configurado delito autônomo. Vale lembrar ilustrativamente que, assim como o receptador não responde por participação em contrabando pelo simples fato de conhecer a procedência estrangeira da mercadoria que recebe, o réu, no presente caso, também não responde pela importação do produto tóxico que transporta ilegalmente dentro do território nacional apenas por "achar que estaria levando mercadoria estrangeira" (REsp 1.449.266-PR, Rel. Min. Maria Thereza de Assis Moura, j. 06.08.2015, *DJe* 26.08.2015).

Tema: Gerais

CASE 38 – Elaborado pelo Prof. Frederico Amado

Ementa: Irregularidade. Competência para emitir ato de interdição.

TEXTO DO *CASE*: O Estado da Bahia promoveu um licenciamento ambiental de uma indústria de produtos químicos com emissão da LO no ano de 2020. Em 2023, constatando grave irregularidade na atividade industrial, multou a empresa em R$ 1.000.000,00, mas não promoveu a interdição da atividade, o que vem gerando grave dano ambiental em decorrência da emissão irregular dos resíduos em rio local.

Após receber denúncia, o IBAMA multou a empresa pelo mesmo fato, interditando as atividades até que as irregularidades sejam sanadas. Irresignado, o Estado da Bahia notificou o IBAMA alegando a nulidade das autuações, ao argumento de violação ao § 3º do artigo 17 da LC 140/2011. A impugnação do ente estadual é juridicamente procedente? Justifique.

RESPOSTA

O *case* trata da um conflito de atribuições, havendo dúvida sobre o responsável sobre a autuação de um empreendimento poluidor. Trata da aplicação das disposições do artigo 17 da Lei Complementar 140/2011, que prevê a prevalência da autuação feita pela esfera de governo que promoveu o licenciamento ambiental:

> Art. 17. Compete ao órgão responsável pelo licenciamento ou autorização, conforme o caso, de um empreendimento ou atividade, lavrar auto de infração ambiental e instaurar processo administrativo para a apuração de infrações à legislação ambiental cometidas pelo empreendimento ou atividade licenciada ou autorizada. (...)
>
> § 3o O disposto no caput deste artigo não impede o exercício pelos entes federativos da atribuição comum de fiscalização da conformidade de empreendimentos e atividades efetiva ou potencialmente poluidores ou utilizadores de recursos naturais com a legislação ambiental em vigor, prevalecendo o auto de infração ambiental lavrado por órgão que detenha a atribuição de licenciamento ou autorização a que se refere o caput.

No caso vertente, o licenciamento e a multa ambiental foram realizados pelo Estado da Bahia. Assim, nos termos do artigo 17 da LC 140/2011, prevaleceria a autuação deste ente federativo.

Cumpre ressaltar que a LC 140/2011 regulamenta parágrafo único do artigo 23 da Constituição na área de Direito Ambiental, listando as competências federais, estaduais, distritais e municipais na área do direito ambiental. A Lei em questão foi objeto de uma Ação Direta de Inconstitucionalidade, cujo acórdão transcrevemos:

> ADI 4757
>
> Órgão julgador: Tribunal Pleno
>
> Relator(a): Min. ROSA WEBER

Julgamento: 13/12/2022 Publicação: 17/03/2023

CONSTITUCIONAL. AMBIENTAL. FEDERALISMO COOPERATIVO. COMPETÊNCIA COMUM EM MATÉRIA AMBIENTAL. PARÁGRAFO ÚNICO DO ART. 23 CF. LEI COMPLEMENTAR Nº 140/2011. FEDERALISMO ECOLÓGICO. DESENHO INSTITUCIONAL DA REPARTIÇÃO DE COMPETÊNCIAS FUNDADO NA COOPERAÇÃO. RECONHECIMENTO DO PRINCÍPIO DA SUBSIDIARIEDADE. DIREITO FUNDAMENTAL AO MEIO AMBIENTE. DEVERES FUNDAMENTAIS DE PROTEÇÃO COMO PARÂMETRO NORMATIVO DE CONTROLE DE VALIDADE (ARTS. 23, PARÁGRAFO ÚNICO, 225, CAPUT, § 1º). RACIONALIDADE NO QUADRO ORGANIZATIVO DAS COMPETÊNCIAS ADMINISTRATIVAS. EFICIÊNCIA E COORDENAÇÃO DO AGIR ADMINISTRATIVO. VALORES CONSTITUCIONAIS. PODER DE POLÍCIA AMBIENTAL DE LICENCIAMENTO E ATIVIDADES FISCALIZATÓRIAS. EXISTÊNCIA E CAPACIDADE INSTITUCIONAL DOS ÓRGÃOS AMBIENTAIS COMO REQUISITO DA REGRA GERAL DE COMPETÊNCIA INSTITUÍDA NA LEI COMPLEMENTAR. ATUAÇÃO SUPLETIVA E SUBSIDIÁRIA. TUTELA EFETIVA E ADEQUADA DO MEIO AMBIENTE. LIMITES DA COGNIÇÃO JURISDICIONAL NO CONTROLE CONCENTRADO DE CONSTITUCIONALIDADE. INTERPRETAÇÃO CONFORME À CONSTITUIÇÃO FEDERAL ATRIBUÍDA AO § 4º DO ART. 14 E AO 3º DO ART. 17. PROCEDÊNCIA PARCIAL.

1. A Lei Complementar nº 140/2011 disciplina a cooperação entre a União, os Estados, o Distrito Federal e os Municípios nas ações administrativas decorrentes do exercício da competência comum relativas à proteção das paisagens naturais notáveis, do meio ambiente, ao combate à poluição em qualquer de suas formas e à preservação das florestas, da fauna e da flora, em resposta ao dever de legislar prescrito no art. 23, III, VI e VI, da Constituição Federal. No marco da Política Nacional do Meio Ambiente, instituída pela Lei nº 6.938/1981, e da forma federalista de organização do Estado constitucional e ecológico, a Lei Complementar nº 140/2011 foi a responsável pelo desenho

institucional cooperativo de atribuição das competências executivas ambientais aos entes federados.

2. Legitimidade ativa da Associação Nacional dos Servidores de Carreira de Especialista em Meio Ambiente e Pecma (ASIBAMA). Inegável a representatividade nacional da associação requerente, assim como a observância do requisito da pertinência temática para discutir questões versando alteração estrutural do sistema normativo de proteção do meio ambiente, conforme descrito no art. 3º, VI, do Estatuto Social juntado ao processo, quando do ajuizamento da presente ação. Reconhecimento da legitimidade da associação autora na ADI 4.029 (caso Instituto Chico Mendes).

3. O Supremo Tribunal Federal, acerca do alcance normativo do parágrafo único do art. 65 do texto constitucional, definiu interpretação jurídica no sentido de que o retorno à Casa iniciadora apenas deve ocorrer quando a Casa revisora, em seu processo deliberativo, aprovar modificação substancial do conteúdo do projeto de lei. Afastado, no caso, o vício de inconstitucionalidade formal do § 3º do art. 17.

4. Da interpretação do art. 225 da Constituição Federal, fundamento normativo do Estado de Direito e governança ambiental, infere-se estrutura jurídica complexa decomposta em duas direções normativas. A primeira voltada ao reconhecimento do direito fundamental ao meio ambiente ecologicamente equilibrado, em uma perspectiva intergeracional. A segunda relacionada aos deveres de proteção e responsabilidades atribuídos aos poderes constituídos, aos atores públicos e à sociedade civil em conjunto. A preservação da ordem constitucional vigente de proteção do meio ambiente, densificada nos seus deveres fundamentais de proteção, impõe-se, pois, como limite substantivo ao agir legislativo e administrativo. O que significa dizer que tanto a Política Nacional do Meio Ambiente, em todas as suas dimensões, quanto o sistema organizacional e administrativo responsável pela sua implementação, a exemplo do Sistema Nacional do Meio Ambiente, dos Conselhos Nacionais, Estaduais e Municipais, devem

traduzir os vetores normativos do constitucionalismo ecológico e do federalismo cooperativo.

5. A Lei Complementar nº 140/2011, em face da intricada teia normativa ambiental, aí incluídos os correlatos deveres fundamentais de tutela, logrou equacionar o sistema descentralizado de competências administrativas em matéria ambiental com os vetores da uniformidade decisória e da racionalidade, valendo-se para tanto da cooperação como superestrutura do diálogo interfederativo. Cumpre assinalar que referida legislação não trata sobre os deveres de tutela ambiental de forma genérica e ampla, como disciplina o art. 225, § 1º, IV, tampouco regulamenta o agir legislativo, marcado pela repartição concorrente de competências, inclusive no tocante à normatização do licenciamento em si.

6. O modelo federativo ecológico em matéria de competência comum material delineado pela Lei Complementar nº 140/2011 revela quadro normativo altamente especializado e complexo, na medida em que se relaciona com teia institucional multipolar, como o Sistema Nacional do Meio Ambiente (SISNAMA), e com outras legislações ambientais, como a Política Nacional do Meio Ambiente (Lei nº 6.938/1981) e a Lei de Infrações penais e administrativas derivadas de condutas e atividades lesivas ao meio ambiente (Lei nº 9.605/1998). O diálogo das fontes revela-se nesse quadro como principal método interpretativo.

7. Na repartição da competência comum (art. 23, III, VI e VII CF), não cabe ao legislador formular disciplina normativa que exclua o exercício administrativo de qualquer dos entes federados, mas sim que organize a cooperação federativa, assegurando a racionalidade e a efetividade nos encargos constitucionais de proteção dos valores e direitos fundamentais. Ademais, os arranjos institucionais derivados do federalismo cooperativo facilita a realização dos valores caros ao projeto constitucional brasileiro, como a democracia participativa, a proteção dos direitos fundamentais e a desconcentração vertical de poderes, como fórmula

responsiva aos controles social e institucional. Precedentes.

8. O nível de ação do agir político-administrativo nos domínios das competências partilhadas, próprio do modelo do federalismo cooperativo, deve ser medido pelo princípio da subsidiariedade. Ou seja, na conformação dos arranjos cooperativos, a ação do ente social ou político maior no menor, justifica-se quando comprovada a incapacidade institucional desse e demonstrada a eficácia protetiva daquele. Todavia, a subsidiariedade apenas apresentará resultados satisfatórios caso haja forte coesão entre as ações dos entes federados. Coesão que é exigida tanto na dimensão da alocação das competências quanto na dimensão do controle e fiscalização das capacidades institucionais dos órgãos responsáveis pela política pública.

9. A Lei Complementar nº 140/2011 tal como desenhada estabelece fórmulas capazes de assegurar a permanente cooperação entre os órgãos administrativos ambientais, a partir da articulação entre as dimensões estáticas e dinâmicas das competências comuns atribuídas aos entes federados. Desse modo, respeitada a moldura constitucional quanto às bases do pacto federativo em competência comum administrativa e quanto aos deveres de proteção adequada e suficiente do meio ambiente, **salvo as prescrições dos arts. 14, § 4º, e 17, § 3º, que não passam no teste de validade constitucional**.

10. No § 4º do art. 14, o legislador foi insuficiente em sua regulamentação frente aos deveres de tutela, uma vez que não disciplinou qualquer consequência para a hipótese da omissão ou mora imotivada e desproporcional do órgão ambiental diante de pedido de renovação de licença ambiental. Até mesmo porque para a hipótese de omissão do agir administrativo no processo de licenciamento, o legislador ofereceu, como afirmado acima, resposta adequada consistente na atuação supletiva de outro ente federado, prevista no art. 15. Desse modo, mesmo resultado normativo deve incidir para a omissão ou mora imotivada e

desproporcional do órgão ambiental diante de pedido de renovação de licença ambiental, disciplinado no referido § 4º do art. 14.

11. Um dos princípios fundamentais do funcionamento do sistema legal de tutela do meio ambiente é o da atuação supletiva do órgão federal, seja em matéria de licenciamento seja em matéria de controle e fiscalização das atividades ou empreendimentos potencialmente poluidores ou degradantes do meio ambiente. No exercício da cooperação administrativa, portanto, cabe atuação suplementar – ainda que não conflitiva – da União com a dos órgãos estadual e municipal. As potenciais omissões e falhas no exercício da atividade fiscalizatória do poder de polícia ambiental por parte dos órgãos que integram o Sistema Nacional do Meio Ambiente (SISNAMA) não são irrelevantes e devem ser levadas em consideração para constituição da regra de competência fiscalizatória.

Diante das características concretas que qualificam a maioria dos danos e ilícitos ambientais de impactos significativos, mostra-se irrazoável e insuficiente regra que estabeleça competência estática do órgão licenciador para a lavratura final do auto de infração. **O critério da prevalência de auto de infração do órgão licenciador prescrito no § 3º do art. 17 não oferece resposta aos deveres fundamentais de proteção, nas situações de omissão ou falha da atuação daquele órgão na atividade fiscalizatória e sancionatória, por insuficiência ou inadequação da medida adotada para prevenir ou reparar situação de ilícito ou dano ambiental.**

12. O juízo de constitucionalidade não autoriza afirmação no sentido de que a escolha legislativa é a melhor, por apresentar os melhores resultados em termos de gestão, eficiência e efetividade ambiental, mas que está nos limites da moldura constitucional da conformação decisória. Daí porque se exige dos poderes com funções precípuas legislativas e normativas o permanente ajuste da legislação às particularidades e aos conflitos sociais.

13. A título de *obter dictum* faço apelo ao legislador para a implementação de estudo regulatório retrospectivo acerca da Lei Complementar nº 140/2011, em diálogo com todos os órgãos ambientais integrantes do Sistema Nacional do Meio Ambiente, como método de vigilância legislativa e posterior avaliação para possíveis rearranjos institucionais.

Sempre direcionado ao compromisso com a normatividade constitucional ambiental e federativa. Ademais, faço também o apelo ao legislador para o adimplemento constitucional de legislar sobre a proteção e uso da Floresta Amazônia (art. 225, § 4º), região que carece de efetiva e especial regulamentação, em particular das atividades fiscalizadoras, frente às características dos crimes e ilícitos ambientais na região da Amazônia Legal.

14. Improcedência dos pedidos de declaração de inconstitucionalidade dos arts. 4º, V e VI, 7º, XIII, XIV, "h", XV e parágrafo único, 8º, XIII e XIV, 9º, XIII e XIV, 14 § 3º, 15, 17, caput e § § 2º, 20 e 21, Lei Complementar nº 140/2011 e, por arrastamento, da integralidade da legislação.

15. Procedência parcial da ação direta para conferir interpretação conforme à Constituição Federal: (i) ao § 4º do art. 14 da Lei Complementar nº 140/2011 para estabelecer que a omissão ou mora administrativa imotivada e desproporcional na manifestação definitiva sobre os pedidos de renovação de licenças ambientais instaura a competência supletiva dos demais entes federados nas ações administrativas de licenciamento e na autorização ambiental, como previsto no art. 15 e (ii) ao § 3º do art. 17 da Lei Complementar nº 140/2011, esclarecendo que a prevalência do auto de infração lavrado pelo órgão originalmente competente para o licenciamento ou autorização ambiental não exclui a atuação supletiva de outro ente federado, desde que comprovada omissão ou insuficiência na tutela fiscalizatória.

Assim, nota-se que o STJ julgou a demanda dando interpretação conforme a constituição do artigo 17 da LC 140/2011, fixando a possibilidade de atuação supletiva de outro ente federado, desde que comprovada omissão ou insuficiência na tutela fiscalizatória. É o que ocorreu no *case* em comento, uma vez que o Estado da Bahia se omitiu em promover a interdição da atividade irregular, o que evidencia insuficiência na tutela fiscalizatória.

A atuação supletiva é a substituição do licenciamento ambiental pelo ente de maior dimensão territorial. O estado atua supletivamente ao município, enquanto o IBAMA atua supletivamente ao estado. Já ação subsidiária se revela uma mera colaboração, prevista no artigo 16 da LC 140.

O acórdão ainda trata do § 4º do art. 14 e do § 3º do art. 17 da LC 140/2011. O § 4º do art. 14 é uma regra reproduzida da Resolução Conama 237/97. O STF manteve a referida regra, mas afirmou que, em caso de omissão do Estado, deve ser despertada a competência supletiva:

> *§ 4º A renovação de licenças ambientais deve ser requerida com antecedência mínima de 120 (cento e vinte) dias da expiração de seu prazo de validade, fixado na respectiva licença, ficando este automaticamente prorrogado até a manifestação definitiva do órgão ambiental competente. (Vide ADI 4757)*
>
> *§ 3º O disposto no caput deste artigo não impede o exercício pelos entes federativos da atribuição comum de fiscalização da conformidade de empreendimentos e atividades efetiva ou potencialmente poluidores ou utilizadores de recursos naturais com a legislação ambiental em vigor, prevalecendo o auto de infração ambiental lavrado por órgão que detenha a atribuição de licenciamento ou autorização a que se refere o caput. (Vide ADI 4757)*

Dessa forma, quando há pedido de renovação de licenças ambientais requerido com antecedência mínima de 120 (cento e vinte) dias da expiração de seu prazo de validade, fixado na respectiva licença, ficando este automaticamente prorrogado até a manifestação definitiva do órgão ambiental competente, haverá a instauração da competência supletiva de que trata o artigo 15 da LC 140/2011.

Ademais, mesmo que haja autuação do ente federativo responsável pelo licenciamento ambiental, na forma do artigo 17 da LC 140/2011, os demais entes terão legitimidade para agir na situação de omissão ou insuficiência na tutela fiscalizatória.

Saliente-se que, por ser um acórdão exarado em sede de controle concentrado de constitucionalidade, há efeito vinculante, com eficácia *erga omnes*.

CASE 39 – Elaborado pelo Prof. Frederico Amado

Ementa: Dano ambiental. Construção Antiga. Teoria do fato consumado.

TEXTO DO *CASE*: Josué herdou do seu pai uma casa de campo construída às margens do Rio Una, a menos de 10 metros do curso do Rio, em APP. É incontroverso que a ocupação é ambiental irregular. A construção ocorreu no ano de 1972 e somente em 2022 o IBAMA promoveu a interdição do imóvel na via administrativa, exigindo ainda em ACP ambiental o desfazimento da obra e a recuperação ambiental da área.

Em sede de defesa, Josué alegou que não foi o autor do fato e que não é possível o desfazimento da obra pelo transcurso de mais de 50 anos, devendo ser aplicada a Teoria do Fato Consumado e julgado improcedente o pedido. A defesa é juridicamente procedente? Justifique.

RESPOSTA

O *case* trata da possibilidade de aplicação da teoria do fato consumado em matéria ambiental. Josué herdou uma casa construída irregularmente há mais de 50 anos, tendo sido constatada a irregularidade recentemente. Assim, o questionamento é quanto à obrigação de demolir a construção irregular tanto tempo após cometida a irregularidade.

Em uma Ação Civil Pública não há pessoalidade. Logo, pouco importa que Josué não tenha praticado a irregularidade, construindo a edificação irregularmente. A obrigação de reparação do dano possui natureza *propter rem*, conforme posicionamento do STJ.

Ainda de acordo com a Corte Superior "em tema de direito ambiental, não se cogita em direito adquirido à devastação, nem se admite a incidência da teoria do fato consumado" (REsp 1394025, de 08/10/2013). O entendimento já foi sumulado:

> Súmula STJ 613: Não se admite a aplicação da teoria do fato consumado em tema de Direito Ambiental (2018).

O entendimento do não cabimento da teoria do fato consumado no direito ambiental também foi reconhecido pelo STF:

> STF, julgamento do RE 609.748 AgR/RJ, de 23.08.2011:
>
> "Agravo regimental no Recurso Extraordinário. Direito ambiental. Mandado de segurança. Ausência de licença ambiental. Matéria infraconstitucional. Reexame de fatos e provas. Inaplicabilidade da teoria do fato consumado.
>
> 3. A teoria do fato consumado não pode ser invocada para conceder direito inexistente sob a alegação de consolidação da situação fática pelo decurso do tempo. Esse é o entendimento consolidado por ambas as turmas desta Suprema Corte."

CASE 40 – Elaborado pelo Prof. Frederico Amado

Ementa: Licenciamento ambiental. Lei Estadual que cria restrição ao licenciamento ambiental. Validade.

TEXTO DO *CASE*: Lei do Estado de Rondônia condicionou a aprovação de licenciamento ambiental à prévia autorização da Assembleia Legislativa. Essa norma é válida? Justifique.

RESPOSTA

O Licenciamento ambiental é um processo administrativo que visa o controle da poluição ambiental, no qual o órgão ambiental emite licença prévia, de instalação e de operação. Trata-se de uma atividade afeta ao Poder Executivo, e não ao Poder Legislativo.

A situação-problema trazida no *case* é real. Em 2004 o Estado de Rondônia criou uma Lei que visava a exigência de autorização legislativa prévia para o licenciamento ambiental. A Lei 1315/2004 foi julgada inconstitucional pelo STF, por violação ao princípio da separação dos poderes:

> "Lei 1.315/2004, do Estado de Rondônia, que exige autorização prévia da Assembleia Legislativa para o licenciamento de atividades utilizadoras de recursos ambientais consideradas efetivas e potencialmente poluidoras, bem como capazes, sob qualquer forma, de causar degradação ambiental. Condicionar a aprovação de licenciamento ambiental à prévia autorização da Assembleia Legislativa implica indevida interferência do Poder Legislativo na atuação do Poder Executivo, não autorizada pelo art. 2º da Constituição. Precedente: ADI 1.505. Compete à União legislar sobre normas gerais em matéria de licenciamento ambiental (art. 24, VI, da Constituição." (ADI 3.252-MC, rel. min. Gilmar Mendes, julgamento em 6-4-2005, Plenário, *DJE* de 24-10-2008.)

Assim, **a norma é inválida**, por interferência indevida do Poder Legislativo na atividade do Poder Executivo.

CASE 41 – Elaborado pelo Prof. Frederico Amado

Ementa: Crime ambiental. Artigo 15 da Lei 7.802/1989. Artigo 56 da Lei 9.605/98.

TEXTO DO *CASE*: Sobre o EIA-RIMA, responda de modo FUNDAMENTADO:

* A decisão do órgão de meio ambiente que o dispensou por entender que o empreendimento licenciando não tem aptidão de gerar significativa degradação ambiental, pode ter o mérito reavaliado pelo Poder Judiciário?

* Dispositivo de constituição estadual que submeta o RIMA ao crivo da Assembleia Legislativa é válido?

* É possível que Constituição Estadual o dispense?

RESPOSTA

O EIA/RIMA é o Estudo de Impacto Ambiental e Relatório de Impacto Ambiental é o estudo ambiental mais complexo, previsto no artigo 225, § 1º, da Constituição Federal, sendo exigido apenas em empreendimentos com alto potencial poluidor, ou seja, que possa gerar significativo impacto ambiental. A Regulamentação dele está prevista na Resolução 1/86, do Conama.

A Resolução 1/86 do Conama possui uma listagem exemplificativa das situações que tem aptidão de gerar significativa degradação ambiental, como construção de rodovias, ferrovias, hidrelétricas, etc.

Assim, passamos à resolução do *case*:

A decisão do órgão de meio ambiente que o dispensou por entender que o empreendimento licenciando não tem aptidão de gerar significativa degradação ambiental, pode ter o mérito reavaliado pelo Poder Judiciário?

A jurisprudência vem se manifestando no sentido de que inexiste discricionariedade administrativa na interpretação concreta de impacto ambiental significativo para fins de o ente ambiental exigir ou não o EIA-RIMA. Vejamos o STJ:

> "O órgão estadual afastou a necessidade de realização do estudo prévio de impacto ambiental no caso, decisão passível de análise pelo Poder Judiciário, diante do princípio da inafastabilidade da jurisdição. Precedente" (REsp 1330841, de 06/08/2013).

Assim, não há óbice para que seja reavaliada judicialmente a necessidade do EIA-RIMA. É possível que seja realizado, por exemplo, uma perícia com equipe multidisciplinar, a fim de avaliar se há aptidão de significativa degradação ambiental. No entanto, a decisão tem um grande grau de subjetividade, porquanto o termo "significativa degradação ambiental" seja um conceito jurídico indeterminado.

Saliente-se que o EIA-RIMA possui uma análise de impacto ambiental, mensurando o dano e o proveito daquele empreendimento, critérios cuja valoração e decisão quanto à concessão da licença ambiental dependem do órgão ambiental, não cabendo ao Judiciário adentrar esse mérito.

Dispositivo de constituição estadual que submeta o RIMA ao crivo da Assembleia Legislativa é válido?

O RIMA é o relatório final do Estudo de Impacto Ambiental, que possui as conclusões daquele estudo, a fim de ser debatido em audiência pública, nos termos da Resolução Conama 09/1987. O STF entende que a existência de um dispositivo de constituição estadual que submeta o RIMA ao crivo da Assembleia Legislativa viola o Princípio da Separação dos Poderes. STF (ADI 1505):

> "1. É inconstitucional preceito da Constituição do Estado do Espírito Santo que submete o Relatório de Impacto Ambiental - RIMA - ao crivo de comissão permanente e específica da Assembleia Legislativa.
>
> 2. A concessão de autorização para desenvolvimento de atividade potencialmente danosa ao meio ambiente consubstancia ato do Poder de Polícia - ato da Administração Pública - entenda-se ato do Poder Executivo" (ADI 1.505, de 24.11.2004).

* É possível que Constituição Estadual o dispense?

Saliente-se não ser possível que uma constituição estadual crie exceção à obrigatoriedade do EIA-RIMA, conforme já decidiu a Suprema Corte:

> "Ação direta de inconstitucionalidade. Artigo 182, § 3.º, da Constituição do Estado de Santa Catarina. Estudo de Impacto Ambiental. Contrariedade ao artigo 225, § 1.º, IV, da Carta da República.

A norma impugnada, ao dispensar a elaboração de Estudo Prévio de Impacto Ambiental no caso de áreas de florestamento ou reflorestamento para fins empresariais, cria exceção incompatível com o disposto no mencionado inciso IV do § 1.º do artigo 225 da Constituição Federal.

Ação julgada procedente, para declarar a inconstitucionalidade do dispositivo constitucional catarinense sob enfoque" (ADI 1.086, de 10.08.2001).

CASE 42 – Elaborado pelo Prof. Frederico Amado

Ementa: Medida Provisória. Normatização sobre limites de unidade de conservação federal. Validade.

TEXTO DO *CASE*: Uma medida provisória integralmente convertida em lei federal reduziu os limites de unidade de conservação federal. Essa normatização é válida? Justifique.

RESPOSTA

A situação-problema envolve a validade de uma medida provisória que tenha por objeto a diminuição de limites de unidade de conservação, fixados em lei. Com efeito, o STF entende ser incabível a edição de uma medida provisória que reduza a proteção ao meio ambiente, reconhecendo como um limite implícito ao poder de legislar:

> Por unanimidade, o Plenário do Supremo Tribunal Federal (STF), no julgamento da Ação Direta de Inconstitucionalidade (ADI) 4717, decidiu que *é inconstitucional a diminuição, por meio de medida provisória, de espaços territoriais especialmente protegidos*. Os ministros, contudo, não declararam a nulidade da norma questionada nos autos, uma vez que os efeitos da medida provisória, posteriormente convertida em lei, já se concretizaram, incluindo a construção de usinas que já estão em funcionamento. Na ação, a Procuradoria-Geral da República (PGR) questionava a Medida Provisória (MP) 558/2012, que dispõe sobre alteração nos limites dos Parques Nacionais da Amazônia, dos Campos Amazônicos e Mapinguari, das Florestas Nacionais de Itaituba I, Itaituba II e do Crepori e da Área de Proteção Ambiental do Tapajós, com o objetivo de construir o Aproveitamento Hidrelétrico Tabajara, no Rio Machado. 05/04/2018

Saliente-se que o STF se valeu da técnica de modulação dos efeitos da decisão, reconhecendo a constitucionalidade dos casos anteriores ao julgado.

CASE 43 – Elaborado pelo Prof. Frederico Amado

Ementa: Lei Municipal. Redução de área de preservação permanente. Competência.

TEXTO DO *CASE*: Uma lei municipal publicada em 2023, após a oitiva do conselho estadual e municipal de meio ambiente, reduziu a dimensão das áreas de preservação permanente ao longo de rio que corta a cidade em área urbana consolidada. Para a Lei 12.651/2012, a dimensão seria de 100m pela largura do curso d'água. A lei municipal a reduziu para 15 metros. O município possui competência para editar essa norma menos protetiva do ambiente? Justifique.

RESPOSTA

O *case* traz uma situação-problema em que uma lei municipal reduz o tamanho de uma área de preservação permanente, reduzindo o âmbito de proteção estabelecido por uma norma federal geral, que é o Código Florestal.

O STF nunca admitiu lei municipal ou distrital que reduzisse o âmbito de proteção ambiental. Reconhecia, entretanto, a possibilidade de uma norma municipal ou distrital que ampliasse o âmbito de proteção do Código Florestal:

> Informativo 916 – Competência concorrente e construções em Áreas de Proteção Permanente - O Plenário julgou procedente pedido formulado em ação direta para declarar a inconstitucionalidade do art. 3º, III, l (1), da Lei 1.939/2008 do Estado do Tocantins, que permite construções destinadas exclusivamente ao lazer em Áreas de Preservação Permanente (APP), com área máxima de 190 metros quadrados. O Tribunal entendeu configurada a inconstitucionalidade formal do dispositivo. O legislador tocantinense, ao conferir às Áreas de Proteção Ambiental (APPs) proteção deficitária em comparação ao regramento nacional (Código Florestal), extrapolou os limites da competência suplementar, decorrente da competência concorrente entre União e Estados (CF, art. 24, caput, VI, § 2º). O colegiado reconheceu, ainda, a inconstitucionalidade material. Não há proporcionalidade e razoabilidade em expor bens jurídicos de máxima importância sem justificativa plausível, especialmente na construção de área de 190 metros quadrados dentro de APP com a mera finalidade de lazer, sem se importar com o tamanho do terreno do condomínio ou com os efeitos nefastos que podem ser gerados. Em áreas de preservações iguais ou menores a 190 metros quadrados, por exemplo, a construção acabará com a preservação. Além disso, embora a norma estabeleça que a construção não deva conter fossas sépticas ou outras fontes poluidoras, o simples fato de

> haver tubulações implica alteração do meio ambiente, fato que gera verdadeira lesão ambiental às APPs. (ADI 4988/TO, rel. Min. Alexandre de Moraes, julgamento em 19.9.2018. (ADI-4988).

No entanto, foi incluído um dispositivo no Código Florestal no ano de 2021, autorizando a alteração por meio de lei municipal ou distrital dos limites definidos, desde que ouvidos os conselhos estaduais, municipais ou distrital de meio ambiente:

> Art. 4º, § 10. Em áreas urbanas consolidadas, ouvidos os conselhos estaduais, municipais ou distrital de meio ambiente, lei municipal ou distrital poderá definir faixas marginais distintas daquelas estabelecidas no inciso I do caput deste artigo, com regras que estabeleçam: (Incluído pela Lei nº 14.285, de 2021)
>
> I – a não ocupação de áreas com risco de desastres; (Incluído pela Lei nº 14.285, de 2021)
>
> II – a observância das diretrizes do plano de recursos hídricos, do plano de bacia, do plano de drenagem ou do plano de saneamento básico, se houver; e (Incluído pela Lei nº 14.285, de 2021)
>
> III – a previsão de que as atividades ou os empreendimentos a serem instalados nas áreas de preservação permanente urbanas devem observar os casos de utilidade pública, de interesse social ou de baixo impacto ambiental fixados nesta Lei. (Incluído pela Lei nº 14.285, de 2021)

Outrossim, houve uma alteração no Código Florestal, visando definir o que seria uma área urbana consolidada:

> Art. 3º
>
> XXVI – área urbana consolidada: aquela que atende os seguintes critérios: (Redação dada pela Lei nº 14.285, de 2021)
>
> a) estar incluída no perímetro urbano ou em zona urbana pelo plano diretor ou por lei municipal específica; (Incluída pela Lei nº 14.285, de 2021)

b) dispor de sistema viário implantado; (Incluída pela Lei nº 14.285, de 2021)

c) estar organizada em quadras e lotes predominantemente edificados; (Incluída pela Lei nº 14.285, de 2021)

d) apresentar uso predominantemente urbano, caracterizado pela existência de edificações residenciais, comerciais, industriais, institucionais, mistas ou direcionadas à prestação de serviços; (Incluída pela Lei nº 14.285, de 2021)

e) dispor de, no mínimo, 2 (dois) dos seguintes equipamentos de infraestrutura urbana implantados: (Incluída pela Lei nº 14.285, de 2021)

1. drenagem de águas pluviais; (Incluída pela Lei nº 14.285, de 2021)

2. esgotamento sanitário; (Incluída pela Lei nº 14.285, de 2021)

3. abastecimento de água potável; (Incluída pela Lei nº 14.285, de 2021)

4. distribuição de energia elétrica e iluminação pública; e (Incluída pela Lei nº 14.285, de 2021)

5. limpeza urbana, coleta e manejo de resíduos sólidos; (Incluída pela Lei nº 14.285, de 2021)

Note-se que existem municípios que já estão se valendo da autorização do Código Florestal, delimitando áreas urbanas consolidadas e reduzindo as dimensões de APPs, a exemplo da lei editada pela Prefeitura Municipal de Guabiruba:

ESTADO DE SANTA CATARINA PREFEITURA MUNICIPAL DE GUABIRUBA GABINETE DO PREFEITO LEI N. 1.780, DE 02 DE MARÇO DE 2022.

Art. 1° Esta Lei delimita as Áreas Urbanas Consolidadas (AUC) que ocupam área de preservação permanente ao longo de cursos d'água naturais do Município de Guabiruba, de acordo com o art. 3°, inciso XXVI, da Lei nº 12.651/2012, com redação dada pelo art. 2° da Lei nº 14.285/2021, e define as faixas marginais de

> Área de Preservação Permanente (APP) para os cursos d'água em Área Urbana Consolidada (AUC).
>
> Art. 5° Em Área Urbana Consolidada (AUC) a correspondente Área de Preservação Permanente (APP) será constituída por faixas marginais de qualquer curso d'água natural perene e intermitente, excluídos os efêmeros, desde a borda da calha do leito regular, em largura de até 15 (quinze) metros.

Por ser recente, ainda não há decisão do STF quanto à constitucionalidade das normas em comento.

CASE 44 – Elaborado pelo Prof. Frederico Amado

Ementa: Lei das Unidades de Conservação. Cálculo da compensação ambiental por significativo impacto ambiental. Lei estadual disciplinando o tema. Validade.

TEXTO DO *CASE*: Uma lei estadual fixou o mínimo de 1% dos custos totais do empreendimento para cálculo da compensação ambiental por significativo impacto ambiental de que trata o artigo 36 da Lei 9.985/2000. Essa norma é válida? Justifique.

RESPOSTA

A compensação ambiental, prevista pelo artigo 36 da Lei das Unidades de Conservação, visa concretizar o princípio do poluidor-pagador, com o pagamento de uma indenização que visa compensar os danos ambientais de empreendimentos de significativo impacto ambiental. Seus recursos são prioritariamente usados em unidades de conservação da natureza. Vejamos a previsão legal:

> COMPENSAÇÃO AMBIENTAL
>
> Art. 36. Nos casos de licenciamento ambiental de empreendimentos de significativo impacto ambiental, assim considerado pelo órgão ambiental competente, com fundamento em estudo de impacto ambiental e respectivo relatório - *EIA/RIMA*, o empreendedor é obrigado a apoiar a implantação e manutenção de unidade de conservação do Grupo de Proteção Integral, de acordo com o disposto neste artigo e no regulamento desta Lei.
>
> § 1º O montante de recursos a ser destinado pelo empreendedor para esta finalidade ~~não pode ser inferior a meio por cento dos custos totais previstos para a implantação do empreendimento~~ (ADI 3378), sendo o percentual fixado pelo órgão ambiental licenciador, de acordo com o grau de impacto ambiental causado pelo empreendimento.

O parágrafo primeiro previa um montante mínimo, de meio por cento dos custos totais previstos para a implantação do empreendimento. No entanto, em julgamento da ADI 3378 o STF julgou desproporcional o limite mínimo desta compensação ambiental, julgando que ela deve ser proporcional ao impacto ambiental:

> ADI 3378 – 09.04.2008
>
> EMENTA: AÇÃO DIRETA DE INCONSTITUCIONALIDADE. ART. 36 E SEUS §§ 1º, 2º E 3º DA LEI Nº 9.985, DE 18 DE JULHO DE 2000. CONSTITUCIONALIDADE

DA COMPENSAÇÃO DEVIDA PELA IMPLANTAÇÃO DE EMPREENDIMENTOS DE SIGNIFICATIVO IMPACTO AMBIENTAL. INCONSTITUCIONALIDADE PARCIAL DO § 1º DO ART. 36.

1. O compartilhamento-compensação ambiental de que trata o art. 36 da Lei nº 9.985/2000 não ofende o princípio da legalidade, dado haver sido a própria lei que previu o modo de financiamento dos gastos com as unidades de conservação da natureza.

De igual forma, não há violação ao princípio da separação dos Poderes, por não se tratar de delegação do Poder Legislativo para o Executivo impor deveres aos administrados

2. Compete ao órgão licenciador fixar o quantum da compensação, de acordo com a compostura do impacto ambiental a ser dimensionado no relatório - EIA/RIMA.

3. O art. 36 da Lei nº 9.985/2000 densifica o princípio usuário-pagador, este a significar um mecanismo de assunção partilhada da responsabilidade social pelos custos ambientais derivados da atividade econômica.

4. Inexistente desrespeito ao postulado da razoabilidade. Compensação ambiental que se revela como instrumento adequado à defesa e preservação do meio ambiente para as presentes e futuras gerações, não havendo outro meio eficaz para atingir essa finalidade constitucional. Medida amplamente compensada pelos benefícios que sempre resultam de um meio ambiente ecologicamente garantido em sua higidez.

5. Inconstitucionalidade da expressão "não pode ser inferior a meio por cento dos custos totais previstos para a implantação do empreendimento", no § 1º do art. 36 da Lei nº 9.985/2000. O valor da compensação-compartilhamento é de ser fixado proporcionalmente ao impacto ambiental, após estudo em que se assegurem o contraditório e a ampla defesa. Prescindibilidade da fixação de percentual sobre os custos do empreendimento.

6. Ação parcialmente procedente.

Ante o exposto, nota-se que o valor da compensação ambiental precisa ser fixado proporcionalmente ao impacto ambiental, após estudo em que se assegurem o contraditório e a ampla defesa, não sendo cabível a sua fixação por meio de lei *in abstrato.*

EDITORA *Jus*PODIVM
www.editorajuspodivm.com.br

COLOR system

JUS2848